STRATED NEWS

n Great Britain, the British Dominions and Colonies, Europe, and the United States of America.

.IL 14, 1945.

'TER, CAPITAL OF WESTPHALIA: BRITISH GUARDSMEN FERRING IN THE HEART OF THE CITY DURING PATROL.

forced entry of the Sixth Guards Tank Brigade, with American airborne troops hanging on to their tanks. The city had a population of 143,000, but to-day is worse than Cologne; according to Press reports, little more than a heap of rubble. Its destruction is the more notable in that Hitler had announced he would hold his peace conference there, hoping to blot out the memory of the disastrous Thirty Years War, which ended at Munster.

Bomben auf Münster

Kat.-Nr. 49

Bomben auf Münster

Ausstellung über die Luftangriffe auf Münster im Zweiten Weltkrieg

Stadtmuseum Münster
10. Oktober 1983 bis 29. April 1984

Die Ausstellung wird veranstaltet vom:
Stadtmuseum Münster
Windthorststraße 26
D – 4400 Münster

Tel. Sekretariat (02 51) 492-21 65/66
Tel. Ausstellung (02 51) 492-30 93

Öffnungszeiten:
10. Oktober 1983 bis 29. April 1984
täglich 10.00 bis 13.00 Uhr
15.00 bis 18.00 Uhr
mittwochs bis 20.00 Uhr
montags geschlossen

Katalog:
Wilfried Beer, Hans Galen; Kat.-Nr. 42–172
Gerd Dethlefs; Kat.-Nr. 29–41, 190–200
Sabine von Elsenau, Hans Galen; Kat.-Nr. 201–226
Udo Grote; Kat.-Nr. 1–18, Einleitung IX
Ralf Hartweg; Kat.-Nr. 19–28, 173–189

Gesamtredaktion: Hans Galen
Ausstellungssekretariat: Detlef Dreßler
Kataloggestaltung: Hans Galen
Ausstellung: Roger D. Zerbe

Printed in Germany

Gesamtherstellung: Aschendorff, Münster Westfalen, 1983

ISBN 3-402-05953-3

Inhaltsverzeichnis

Katalog

Leihgeber/Inhaber der Fotorechte

Ausland:

Canberra City, Australian War Memorial 159, 161
London, Imperial War Museum 47, 48 a, 49, 90, 102, 111, 153, 154, 155, 162, 163, 164, 165, 167, 168, 169, 170, 171, 172
London, Ministry of Defence 44, 110, 151, 166
London, Public Record Office 42, 89, 101, 111 a
Suffolk, Hawkins 94
Washington, Defense Audiovisual Agency 156, 157, 160
Washington, United States of America Air Force 48 b, 48 c, 78, 79, 96, 97, 98, 99, 100, 103

Inland:

Altenberge, Beer 45
Berlin, Ullstein Bilderdienst 31, 40
Beckum, Heßling 50, 51, 52, 53, 82, 83, 84, 85
Borghorst, Archiv Riegert 61 c, 105, 109
Goslar, Stadt Goslar, Oberstadtdirektor 225
Greven, Galen 60; S. 62, 63
Münster, Aschendorff 2
Münster, Bistumsarchiv 36
Münster, Archiv Boer 46, 61 d, 63, 81; S. 61
Münster, Borgas-Fotoverlag im Verlag Aschendorff 35
Münster, Fechtrup 124
Münster, Fincke 62
Münster, Grotemeyer/Kahlert 211
Münster, Happe 104
Münster, Hartweg 222
Münster, Hülsbusch 33, 71, 91, 92, 112, 119, 191, 192, 193
Münster, Humborg 74, 75, 76, 77
Münster, Kampfmittelräumdienst 54 a, 55 a–k, 56 a–h, 80, 133 a, 133 b
Münster, Kessemeier 67
Münster, Mönnich 61 e, 61 f
Münster, Staatsarchiv 145 a, 145 b
Münster, Stadt Münster, Oberstadtdirektor 158
Münster, Stadtarchiv 32, 34, 37, 39 a, 39 b, 41, 54, 58, 59, 61 a, 64, 65, 66, 68, 69, 70, 72, 73, 86, 87, 88, 93, 106, 107, 108, 113, 114, 115, 116, 117, 118, 120, 121, 122, 123, 125, 126, 127, 128, 129, 130, 131, 132, 134, 135 a, 135 b, 136, 137, 138, 139, 140, 141, 142, 143, 146, 147, 148, 190, 194, 195
Münster, Stadtmuseum 25, 27, 29, 30, 39 c, 43, 46, 61, 61 b, 95, 144, 150, 152, 198 a, 198 b, 199, 200, 202, 203, 204, 206, 212, 213, 214, 215, 216, 217, 218, 219, 226 a, 226 b; S. 11, 14, 29, 42
Münster, Stadtmuseum, Verein Münster-Museum e. V. 210, 220, 221, 223, 224
Münster, Stadtplanungsamt 12, 19
Münster, Werbe- und Verkehrsamt 39 d
Münster, Westfälisches Amt für Denkmalpflege 1, 1 a, 3, 4, 5, 6, 6 a, 7, 8, 9, 10, 11, 13, 14, 15, 16, 17, 18, 20, 21, 22, 23, 24, 26 (Foto), 28, 173, 174, 175, 176, 177, 178, 179, 180, 181, 182, 183, 184, 185, 186, 187, 188, 189
Münster, Westfälisches Landesmuseum für Kunst- und Kulturgeschichte 26, 38, 57, 207, 208, 209
Ostbevern, Wurm 46
Telgte, Heimathaus Münsterland 196, 197
Werl, Fotostudio Euler 149
Privatbesitz, Münster 201, 205

Einführung

Hans Galen

Am 10. Oktober 1983 sind vierzig Jahre vergangen seit dem schrecklichen Luftangriff auf Münster vom 10. Oktober 1943. Der Angriff brachte in einem Ausmaß, das bis dahin unvorstellbar gewesen war, Tod und Zerstörung über die Stadt. Insgesamt wurde Münster im Zweiten Weltkrieg mehr als einhundert Mal von Bombern angegriffen, aber dieser Angriff und der vom Palmsonntag 1945 haben sich bei denjenigen, die den Krieg in Münster miterlebten, besonders tief eingeprägt. Für die jüngere und mittlere Generation ist heute der Bombenkrieg weitgehend unbekannt. Die vierzigjährige Wiederkehr des fatalen Datums 10. Oktober 1943 war deshalb Anlaß, den Bombenkrieg gegen Münster zu erforschen und durch Ausstellung und Katalog zu dokumentieren; den Älteren zur Erinnerung, den Jüngeren zur Unterrichtung, allen zur Mahnung.

Bei der Darbietung erschien es unerläßlich, zunächst anhand einiger Beispiele – mehr ließ die geringe Ausstellungsfläche des Stadtmuseums nicht zu – einen Eindruck zu vermitteln, wie Münster vor der Zerstörung aussah. Nur wenige haben noch eine Vorstellung davon. Wichtiges Anschauungsmaterial bietet das sechsbändige Werk von Max Geisberg »Bau- und Kunstdenkmäler der Stadt Münster«, das der Verfasser kurz vor der Zerstörung seiner Heimatstadt vollenden konnte. In der Ausstellung wird u. a. sein Handexemplar gezeigt.

Notwendig erschien es auch, die politischen Verhältnisse der Vorkriegszeit zu skizzieren. Es wird deutlich, daß das Zentrum, traditionell die stärkste Partei in der Stadt, zwar seine Anhänger behielt, daß aber gegen 1933 immer mehr Menschen anderer politischer Herkunft auch in Münster das Heil vom »Führer« erwarteten. Es war ähnlich wie zur Zeit der Wiedertäufer, als sich irrationale Hoffnungen auf den »Propheten« richteten. Die Machtergreifung Hitlers im Reich bedeutete dann den Anfang vom Weg in die Katastrophe. Selten kann man in der Geschichte so deutlich die Erstursache für eine verhängnisvolle Entwicklung erkennen.

Die Darstellung der Luftangriffe ist so umfassend wie möglich versucht worden. Vorweg werden die Angreifer und ihre Waffen, die Bomber und die Bomben vorgestellt, ebenfalls Luftschutz und Luftabwehr. Von den Luftangriffen wird der Angriff vom 10. Oktober 1943 besonders ausführlich, d. h. in allen seinen Phasen dokumentiert; er steht exemplarisch für alle Angriffe. Einbezogen in die Ausstellung ist auch das Kriegsende, die militärische Besetzung der Stadt.

Die nächste Abteilung weist an ausgewählten Beispielen auf den politischen und architektonischen Wiederaufbau nach dem Kriege hin. Er erfolgte so zügig und gründlich, daß vielen Menschen heute das Erreichte selbstverständlich erscheint. Wieviel Mühe und Arbeit notwendig war, lehrt der Blick auf die Fotos, aufgenommen in der Stunde »Null«.

Wie die malenden und zeichnenden Zeitgenossen ihre zerstörte Stadt sahen, zeigt die letzte Abteilung. Erstaunlich, wie romantisch verklärt ihnen die Ruinen erschienen! Dagegen stellt Picassos Guernica lebhaft das Grauen eines Luftangriffes dar.

Was Fotos und Bilder nicht aussagen können, versuchen die einleitenden Darstellungen zum Katalog zu vermitteln: ein Aufsatz über das allgemeine Phänomen des Bombenkrieges, der gründliche Bericht des Statistischen Amtes der Stadt Münster und die Folge der Augenzeugenberichte. Die Darstellungen ergänzen sich. Vor dem Hintergrund des allgemeinen Bombenkriegs erscheint das Geschehen in Münster in nüchternen Zahlen und nachvollziehbar in persönlichen Erlebnissen. Den Autoren dieser Berichte sei nachdrücklich gedankt.

Ausstellung und Katalog stellen die erste umfassende Dokumentation zum Thema dar. Es dauerte mehr als zwei Jahre, um das Material aufzuspüren und von überall her zusammenzutragen. Wilfried Beer hat sich dabei besondere Verdienste erworben. Wertvolles Material verdanken wir auch Mr. Ian Hawkins, Herrn Heinz Boer, Herrn Heinz Heßling sowie Herrn Hensel vom Kampfmittelräumdienst in Münster. Wesentliche Vorarbeiten wurden durch den hier abgedruckten Bericht des Statistischen Amtes geleistet. In der Hauptsache werden bisher unbekannte Fotos dargeboten. Sie ermöglichen eine neue, umfassende Sicht der Vorgänge, zumal außer deutschen auch zahlreiche englische und amerikanische Fotos zur Verfügung stehen. Die Fotos aus den Archiven der einstigen Kriegsgegner wurden entweder während des Krieges aus der Luft oder während des Einmarsches und bald danach in Münster aufgenommen. Mit ihrer Hilfe und zusätzlichem Archivmaterial läßt sich nachweisen, wie planvoll das Zerstörungswerk vollzogen wurde und wie vertraut der Angreifer mit der Topographie (vgl. z. B. Kat.-Nr. 111) war. Ziel war zumindest in der zweiten Hälfte des Krieges eindeutig die Zerstörung der ganzen Stadt. Das wirft die Frage nach Sinn und Schuld auf. Wir vermögen keinen militärischen Sinn in den Luftangriffen zu sehen; der Zweite Weltkrieg in Deutschland wurde um keinen Tag verkürzt. In Münster blieben die eigentlich militärischen Objekte unbehelligt. Politisch bewirkten die Luftangriffe das Gegenteil dessen, was beabsichtigt war. Die meisten Deutschen hatten nach zehn Jahren Hitler-Herrschaft den Nationalsozialismus längst als verbrecherische Gewaltherrschaft durchschaut und wären gern von dem Regime befreit worden. Die Bombardierungen aber hinderten sie daran, die Westmächte als Befreier zu erwarten. Die Verantwortlichen in Großbritannien und den USA rechtfertigten die Angriffe gegen die deutschen Städte als Antwort auf die Verbrechen Nazi-Deutschlands. Sie trafen aber unterschiedslos Unschuldige wie Schuldige; und überhaupt, wie kann man ein Verbrechen durch ein anderes sühnen!

Die Forderung »Nie wieder!« drängt sich angesichts der hier gezeigten Bilder des Grauens auf, und wer wollte nicht mit einstimmen! Sie wurde aber in Europa auch in den 1930er Jahren laut und zur Zeit geht die Diskussion darüber, ob nicht diejenigen, die radikal die Bewaffnung in den westeuropäischen Demokratien ablehnten, ungewollt die Entfesselung des Zweiten Weltkrieges erleichtert haben.

Als 1948 in den Ruinen von Münster die Dreihundertjahrfeier des Westfälischen Friedens begangen wurde, stellte man die Feier unter die Devise des schwedischen Gesandten zum Friedenskongreß Johannes Oxenstierna »pax optima rerum« (der Friede ist das höchste Gut). Eine Medaille mit der Abbildung des zerstörten Rathauses und der Devise hält die Erinnerung daran wach. Die Erfahrung von Mord und Zerstörung im Zweiten Weltkrieg ließ Münster besonders geeignet erscheinen, die Forderung nach Frieden zu erheben. Die praktische Friedenssicherung ist aber, wie der Rückblick auf den Westfälischen Friedenskongreß lehrt, mit bloßen Deklamationen nicht zu erreichen, sondern durch nüchterne Politik im Rahmen einer allgemeinen, ausgewogenen Friedensordnung.

Ausstellung und Katalog wurden möglich durch die Zusammenarbeit vieler. Ihnen allen sei gedankt. Der Dank gilt ausdrücklich den zahlreichen Leihgebern; ihre Namen sind im Verzeichnis der Leihgeber aufgeführt.

»Durchblick«
Blick durch das zerstörte westliche Querschiff des münsterischen Domes auf das Kreuzviertel.
Franz Eichler, 1949

31. 7. 1932	Reichstagswahlen. Die NSDAP wird stärkste Partei im Reich. In Münster behält das Zentrum die absolute Mehrheit.
30. 1. 1933	Ernennung Hitlers zum Reichskanzler.
5. 3. 1933	Reichstagswahlen. Die NSDAP erreicht mit der DNVP im Reich eine knappe absolute Mehrheit. In Münster verliert die Zentrumspartei ihre absolute Mehrheit.
12. 3. 1933	Kommunalwahlen. Die NSDAP wird in Münster mit 40,2 Prozent der Wählerstimmen stärkste Partei.
1934	Bischof Clemens August Graf Galen widersetzt sich zum ersten Mal öffentlich dem Herrschaftsanspruch der Nationalsozialisten.
	Max Geisberg wird aus politischen Gründen von seinem Amt als Leiter des Landesmuseums »beurlaubt«.
2. 8. 1934	Vereidigung der militärischen Verbände auf den »Führer und Reichskanzler Adolf Hitler«.
November 1937	Auf der Führerkonferenz gibt Hitler seine Ziele bekannt (Hoßbach-Protokoll): Gewaltsame Schaffung neuen Lebensraumes.
13. 3. 1938	Anschluß Österreichs.
29. 9. 1938	Münchener Abkommen. Die sudetendeutschen Gebiete werden dem Deutschen Reich angeschlossen.
23. 8. 1939	Deutsch-sowjetischer Nichtangriffspakt; Aufteilung Osteuropas.
1. 9. 1939–26. 9. 1939	In einem »Blitzkrieg« wird Polen von deutschen Truppen besetzt.
3. 9. 1939	Großbritannien und Frankreich erklären dem Deutschen Reich den Krieg.
25. 9. 1939	Bombardierung Warschaus durch die deutsche Luftwaffe: Hohe Verluste unter der Zivilbevölkerung.
1940	Max Geisberg wird kommissarisch zum Leiter des Landesmuseums berufen, um die Auslagerung der Bestände zu organisieren.
10. 5. 1940–22. 6. 1940	Westfeldzug. Militärische Niederlage Frankreichs.
14. 5. 1940	Bombenangriff der deutschen Luftwaffe auf Rotterdam: ca. 850 Tote.
16. 5. 1940	Erster Bombenangriff auf Münster. Zerstörung eines Industrielagers.
August 1940–Mai 1941	Luftschlacht um England. Deutsche Bombenangriffe auf englische Industriestädte (Coventry: 554 Tote). Die deutsche Luftwaffe kann die Vorherrschaft über den südenglischen Luftraum nicht erringen.

1941	Bischof Graf von Galen protestiert wiederholt öffentlich gegen die Praktiken der NS-Organe.
	Max Geisberg schließt sein sechsbändiges Werk »Bau- und Kunstdenkmäler von Westfalen. Die Stadt Münster« ab.
22. 6. 1941	Beginn des deutschen Einmarsches in die Sowjetunion.
6.–10. 7. 1941	Vier nächtliche Bombenangriffe auf Münster: 47 Tote.
11. 11. 1941	Kriegseintritt der USA.
1942	Beginn der planmäßigen Bomberangriffe der Alliierten (30./31. 5.: 1000-Bomberangriff auf Köln).
Januar 1943	Beginn der Tagesangriffe der USAAF.
12. 6. 1943	Nächtlicher Großangriff auf Münster: 52 Tote.
4. 7. 1943	Bischof Graf von Galen predigt gegen Haß- und Vergeltungspropaganda in Deutschland.
10. 10. 1943	Erster Tagesangriff auf Münster: ca. 700 Tote.
Nov. 1943–März 1945	Periodische Häufung alliierter Bomberangriffe auf Münster.
6. 6. 1944	Landung der Alliierten in Nordfrankreich.
20. 7. 1944	Mißlungenes Attentat auf Hitler.
28. 10. 1944	Zerstörung des münsterschen Rathauses bei einem Luftangriff.
18. 11. 1944	Eine Bombe durchschlägt die Decke des Schützenhofbunkers in Münster: 68 Tote.
13./14. 2. 1945	Bombenangriff auf das mit Flüchtlingen überfüllte Dresden: 300 000 Tote (geschätzt).
23.–25. 3. 1945	Letzte große Luftangriffe auf Münster im Rahmen des alliierten Vormarsches zur Bildung des Ruhrkessels: Erhebliche Zerstörungen, 25 Tote.
2. 4. 1945	Nach Artillerie- und Panzerbeschuß rücken britische und US-amerikanische Einheiten in Münster ein.
8. 5. 1945	Bedingungslose Kapitulation des Deutschen Reiches.
	Seit Sommer Rückkehr der Bevölkerung in die Städte, Beginn des Wiederaufbaus unter Einsatz aller, besonders der Frauen (Trümmerfrauen).
18. 2. 1946	Kardinalserhebung des Bischofs Graf von Galen.
16. 3. 1946	Ernennung des Kardinal von Galen zum Ehrenbürger Münsters.
24. 4. 1946	Demokratisierung auf kommunaler Ebene: Wahl einer Stadtvertretung in Münster.
23. 5. 1949	Verkündung des Grundgesetzes der Bundesrepublik Deutschland.
1950–1958	Wiederaufbau des münsterschen Rathauses.

Blick vom »Stadthotel« auf die Ludgeristraße.
Franz Eichler, Herbst 1945

Bombenangriffe im Zweiten Weltkrieg

Detlef Dreßler

Einleitung

Unter dem unmittelbaren Eindruck der Zerstörungen durch die Bombenangriffe des Zweiten Weltkriegs fragen sich nicht nur die direkt Betroffenen: Warum war Münster, das keine nennenswerte kriegswichtige Industrie hatte, Ziel von Flächenbombardements, die Wohnhäuser und Baudenkmäler zerstörten und viele Menschen töteten? Die militärischen Anlagen in und um Münster wurden kaum getroffen. Dagegen haben besonders die Tieffliegerangriffe in den letzten Kriegsmonaten, bei denen aus Bordgeschützen gezielt auf eindeutig erkennbare Zivilpersonen, auch Frauen und Kinder, geschossen wurde, bewiesen, daß die Angriffe der schutzlosen Zivilbevölkerung gegolten haben.

Von der nationalsozialistischen Propaganda wurden die Angriffe seinerzeit schärfstens verurteilt (vgl. dazu z. B. die Westfälische Tageszeitung vom 23. 10. 1944: »Münster erneut von den Lufthunnen heimgesucht«) – einer der seltenen Fälle, in denen offizielle NS-Organe die Überzeugung der gesamten Bevölkerung wiedergaben – und auch heute noch finden in der deutschen wissenschaftlichen Literatur Begriffe wie »Terrorangriff« unreflektiert Anwendung.

Die Fragen nach dem Warum wurden in den ersten Nachkriegsjahrzehnten geflissentlich überhört. Die Besiegten haben unter dem nachhaltigen Eindruck des Schreckens darauf verzichtet, diese Probleme in die öffentliche Diskussion zu tragen, sie waren physisch und psychisch zu erschöpft, es fehlte die Distanz, um sachlich und ohne emotionale Ausbrüche diskutieren zu können; letztlich stellte sich mit dem Wiederaufbau ein wichtigeres Aufgabenfeld.[1] Dazu kommt, daß die Akten, deren Material eine sachgerechte Dokumentation des Bombenkrieges ermöglicht hätte, entweder durch die Luftangriffe selbst zum großen Teil verlorengegangen waren oder im Ausland in Militärarchiven lagerten und aus Gründen der Geheimhaltung vorerst nicht eingesehen werden konnten. Die Sieger hatten gleichfalls kein Interesse an der öffentlichen Diskussion des Bombenkrieges, waren doch schon während des Krieges in der Euphorie über die Erfolge dieser Vernichtungsstrategie selbstkritische Stimmen laut geworden, die die moralische Vertretbarkeit einer solchen Kriegsführung in Frage gestellt hatten.

Somit ist die weltgeschichtliche Bedeutung und Wertung des Bombenkrieges bislang kaum in das Bewußtsein der breiten Öffentlichkeit vorgedrungen. Nachdem im ausgehenden 18. Jahrhundert die von der französischen Revolution ins Leben gerufene »Levée en masse« den Kriegen in Europa einen grundsätzlichen Wandel aufgezwungen hatte, den Wandel vom Kabinettskrieg zum ungleich längeren, blutigeren, verlustreicheren, letztlich totaleren Volkskrieg, wurde der Krieg im 20. Jahrhundert durch den Einsatz der Bombe als Massenvernichtungsmittel zu einem Krieg, der in seiner Totalität über Dresden zu Hiroshima und Nagasaki führte, im Atombombenkrieg seinen Höhepunkt und Abschluß fand. Der Kampf fand nicht mehr nur an den Fronten statt, sondern die gesamte Fläche des kriegsführenden Staates wurde zum Kriegsgebiet, er machte in diabolischer Erweiterung des Prinzips der »Levée en masse« die ganze Bevölkerung vom Säugling bis zum Greis zu Kriegsteilnehmern.

»Statt eines Aufbegehrens aller geistigen und sittlichen Kräfte gegen den ersten uneingeschränkt geführten Bombenkrieg erleben wir eine allgemeine Scheu, an dieses peinliche Kapitel der zeitgenössischen Geschichte überhaupt zu rühren«, schrieb Rumpf 1961;[2] nur wenige haben seitdem den Mut gehabt, in eine öffentliche wissenschaftliche Diskussion dieses Themas einzutreten. Deshalb ist es um so wichtiger, die historische Bedeutung des Bombenkrieges der Öffentlichkeit bewußt zu machen und darüber hinaus Perspektiven für die Gegenwart und Zukunft zu öffnen. Auch ethisch-moralischen Fragen darf nicht mehr ausgewichen werden.

Der Bombenkrieg fand überall in Deutschland statt. Seine Auswirkungen und Folgen können am Beispiel der Stadt Münster realitätsnah nacherlebt werden.

Eskalation des Bombenkrieges

Im Ersten Weltkrieg wurden zum ersten Male Flugzeuge zur Unterstützung der Bodentruppen und der Seestreitkräfte eingesetzt. Die Aufgaben der fliegenden Einheiten bestanden vor allem in der Aufklärung und in der Abwehr gegnerischer Aufklärer, was zu den »legendären« Luftkämpfen des Ersten Weltkrieges führte. Konstruktion und technische Ausrüstung erlaubten es zunächst nicht, die Flugzeuge als Bombenträger einzusetzen, erst gegen Ende des Krieges war die Entwicklung so weit fortgeschritten, daß sowohl britische als auch deutsche Flugzeuge geringe Bombenlasten aufnehmen und über den militärischen Objekten im Kriegsgebiet abwerfen konnten. Obwohl die Wirkung relativ gering war, hatten die Verantwortlichen das Potential dieser neuen Waffe erkannt und begannen nach Kriegsende, im Rahmen der Möglichkeiten den Aufbau einer schlagkräftigen Luftstreitmacht voranzutreiben.[3] Zwischen den Weltkriegen setzten Frankreich bei der Niederschlagung des Aufstandes der Rif-Kabylen, England bei der »Befriedung« der Aufständischen im Iran und in Waziristan, schließlich auch Italien im Abessinienkrieg Bombenflugzeuge zur Bekämpfung der feindlichen Einheiten und zur Zerstörung der im Kriegsgebiet liegenden Siedlungen ein.[4] Die deutsche Luftwaffe kam im Rahmen der »Legion Condor« im spanischen Bürgerkrieg ebenfalls zum Bombereinsatz, der sich gegen Alicante, Blanes, Tarragona, Valencia, Granollers, Durango und Guernica richtete.[5] Auch hier forderten die Einsätze eine große Zahl von Toten unter der Zivilbevölkerung.

Gleich in der ersten Phase des Zweiten Weltkrieges wurden die neugeschaffenen Luftstreitkräfte zur Erzielung strategischer Erfolge eingesetzt. Den Polenfeldzug begleiteten Angriffe der Luftwaffe, die militärische Stellungen bombardierte und Nachschubwege zerstörte.[6] 400 Flugzeuge führten am 25. 9. 1939 einen Großangriff auf Warschau durch, sie warfen in zwei bzw. drei Einsätzen 560 Tonnen Spreng- und 72 Tonnen Brandbomben auf Versorgungsanlagen, Verkehrszentren, Munitionslager, Artilleriestellungen und die Zitadelle ab. Es gab eine hohe Zahl von Toten unter der Zivilbevölkerung;[7] die Kapitulation am Folgetag beendete vorerst die Kriegshandlungen im Osten.

Am 4. 9. 1939 begann die Royal Air Force (RAF) den Luftkrieg gegen deutsche Schiffe in Wilhelmshaven, bei dem infolge einer Fehlnavigation auch die dänische Stadt Esbjerg von zwei Bomben getroffen wurde. Es folgte am 5. 9. ein erneuter britischer Angriff gegen militärische Objekte in Cuxhaven und Wilhelmshaven, bevor am 13. 11. erstmals englische Bodenziele von der deutschen Luftwaffe angegriffen wurden.[8] Bis zum Beginn des Westfeldzuges führten die deutsche und die britische Luftwaffe diese Angriffe fort, wobei Stellungen auf den deutschen Nordseeinseln und an der englischen Ostküste die Aktionsgebiete der Bomber waren.[9] Die erste Phase des Luftkrieges, bei dem ausschließlich militärische Objekte das Ziel der Bombenangriffe waren, bei denen folglich Zivilisten fast gänzlich von den Auswirkungen der Angriffe verschont blieben, kann daher als die Phase der »bewaffneten Aufklärung« bezeichnet werden.[10]

Diese Zeit der »bewaffneten Aufklärung« endete mit dem Beginn der deutschen Westoffensive. Als Churchill am 10. 5. neuer Premierminister wurde, war es eine seiner ersten Entscheidungen, die Bombenangriffe auch auf das deutsche Hinterland freizugeben.[11] Der Angriff gegen Freiburg am 10. 5. 1940 galt lange als der erste Gruppenangriff gegen eine »offene« Stadt, bei der es 57 Tote, vornehmlich Zivilpersonen, gab. Erst 1956 konnte zweifelsfrei geklärt werden, daß der Angriff auf einen Zielirrtum zweimotoriger deutscher Bomber zurückzuführen war.[12] In der folgenden Nacht bombardierten RAF-Bomber die Außenbezirke von Mönchengladbach. Zwar gab es nur vier Tote, doch war damit das Signal für die Eskalation des Bombenkrieges gesetzt.[13] Nach einer Reihe von Angriffen der RAF auf deutsche Städte – so fielen auch auf Münster bereits am 16. 5. 1940 englische Bomben, die jedoch nur geringfügige Schäden verursachten[14] – erfolgte am 7. September 1940 der erste deutsche Angriff auf eine englische Stadt: Bei dem schweren gezielten Tagesangriff wurden Bahnhöfe, Docks und die Markthallen Londons erheblich zerstört und eine größere Anzahl von Zivilpersonen getötet.[15] Unterdessen hatte die deutsche Luftwaffe am 14. 5. 1940 Rotterdam bombardiert. Da die Hauptwasserversorgung bei dem nur mit Sprengbomben geführten Angriff getroffen wurde, konnte die Ausbreitung einzelner Brände nicht verhindert werden, so daß die Altstadt in den Folgetagen völlig ausbrannte. Es gab ca. 850 Ziviltote.[16]

Die britischen Angriffe in den Jahren 1940 und 1941, die wegen der hohen Verluste an Maschinen bei Tageseinflügen recht bald auf Nachtbombardements umgestellt worden waren, verloren sich in der Tiefe des großen Raumes und brachten nur kleine Schäden und geringe

Verluste unter der Zivilbevölkerung, da die Ziele oft verfehlt wurden.[17] Den Angaben des Statistischen Amtes der Stadt Münster ist zu entnehmen, daß die ersten – sporadischen – Angriffe auf die Stadt nur nachts erfolgten. Sie galten ausschließlich Industrieanlagen,[18] so daß die Zahl der Toten im ersten Luftkriegsjahr vergleichsweise klein blieb.[19] Die geringe Zahl und Konzentration der Angriffe ist darauf zurückzuführen, daß ein Großteil der Verbände der RAF über Frankreich im Einsatz war und somit seiner taktischen Aufgabe in Deutschland nicht nachkommen konnte.[20]

Erst im Jahre 1942 nahm die Wirkung der Bombenangriffe auf das deutsche Reichsgebiet merklich zu. Dies ist zurückzuführen auf eine Reihe technischer Verbesserungen: So konnten die Bomber, die nunmehr über das H2S-Gerät (ein Bodensicht-Radargerät) verfügten, mit den Leitsystemen »Gee« und »Oboe« präzise an Ziele herangesteuert werden und eine bislang nicht erreichte Treffergenauigkeit verbuchen.[21] Die modernen viermotorigen Stirling, Halifax und Lancaster sowie der zweimotorige Mosquito konnten sich besser gegen die deutsche Jägerabwehr durchsetzen,[22] die ohnehin durch die Verlegung des Großteils der deutschen Luftwaffe an die Ostfront stark geschwächt war. Durch den Übergang von Angriffen kleiner Bombergruppen auf den Einflug großer Bomberströme, wie dies zum ersten Mal beim 1000-Bomber-Angriff auf Köln am 30./31. Mai 1942 der Fall war, konnte der Angriff konzentrierter und in einem wesentlich kürzeren Zeitraum als bei Einzelangriffen mit vergleichbarer Gesamtwirkung durchgeführt werden.[23]

Auch Münster bekam schon wenige Tage nach dem Angriff auf die Sowjetunion die Auswirkungen der Neukonzeption der englischen Bomberstrategie zu spüren. Am 6., 8., 9. und 10. 7. 1941 erfolgten die ersten vier nächtlichen Großangriffe; die Menge der abgeworfenen Bomben und die Zahl der Toten übertrafen die bis dahin registrierten Bombenangriffe um ein Vielfaches.[24]

Ab Sommer 1943 verstärkte sich die Luftoffensive der RAF weiter. Hauptziele waren nun nicht nur das Ruhrgebiet, Köln und Berlin, sondern fast alle Großstädte im Westen des Deutschen Reiches. In flächendeckenden Großangriffen wurden nachts unterschiedslos Industrie- und Wohngebiete bombardiert, was sehr hohe Verluste unter der Zivilbevölkerung zur Folge hatte. Hinzu kamen die Tagesangriffe der United States Army Air Forces (USAAF), die ab Januar 1943 mit gezielten Punktwürfen massierter Bomberverbände vor allem Produktionsstätten und Verkehrswege zerstörten. Diese »Bombenteppiche«, die die im Pulk fliegenden B-17 Flying Fortress und B-27 Liberator auf Zeichen des Leitbombenschützen abwarfen, waren von so verheerender Wirkung, daß die getroffenen Ziele nahezu völlig vernichtet wurden.[25] Die häufigen Fehlabwürfe, die auch auf Wohngebiete niedergingen, forderten ebenso wie die britischen Nachtangriffe hohe Verluste unter der Zivilbevölkerung.

Am 10. 10. 1943 wurde den Münsteranern die Bedeutung des Kriegseintritts der USA für die Strategie des Bombenkrieges grauenvoll demonstriert. Bei dem von der USAAF geflogenen ersten – für die Bevölkerung überraschenden und unerwarteten – Tagesangriff, der von der Zahl der abgeworfenen Spreng- und Brandbomben einer der schwersten des Krieges war, wurden 473 Zivilpersonen und fast 200 Soldaten getötet,[26] das waren viermal so viel Tote, wie der gesamte Luftkrieg in Münster bis dahin gefordert hatte.

Während der Luftschlacht um England hatte auch die deutsche Luftwaffe eine systematische Bombardierung von englischen Industriestädten begonnen. Am 14. 11. 1940 wurde Conventry angegriffen, der Angriff forderte 554 Tote.[27] In den nächsten Wochen folgten Angriffe auf London, Birmingham, Southampton, Liverpool, Sheffield, Cardiff und andere Industriestädte.[28] Die Verluste unter der Zivilbevölkerung waren erheblich. Mit dem Ende der Luftschlacht wurden jedoch die Bombenangriffe auf England eingestellt. Erst ab Januar 1944 erschienen im Rahmen des »Baby-Blitz«, einer Verzweiflungsaktion mit allen entbehrlichen Maschinen, wieder deutsche Bomber über Südengland. Die Angriffe forderten eine größere Anzahl an Ziviltoten; wegen der hohen eigenen Verluste mußte das Unternehmen jedoch im April wieder abgebrochen werden.[29] Die Beschießung englischer Landziele durch V-1- und V-2-Raketen, die ab Juni 1944 erfolgte, richtete nur vergleichsweise geringe Schäden an.

Die Landung in der Normandie (6. 6. 1944), bedeutete eine deutliche Verbesserung der Bedingungen für die alliierte Bombenkriegsführung. Die Schaffung kontinentaler Flugbasen verkürzte die Anflugwege entscheidend, so daß häufiger Einsätze geflogen werden konnten. Zugleich stellte die USAAF neue Bomberstaffeln auf.

Dagegen unterlag die deutsche Jäger- und Flakabwehr einer fortschreitenden Schwächung durch Ausfall oder Verlegung der Kräfte an die Ostfront. So konnten die Alliierten 1944 und 1945 die Luftangriffe auf deutsche Städte von Monat zu Monat verstärken. Die Häufung und Konzentration der Angriffe auf Münster ist dem Statistischen Bericht für diesen Zeitraum klar zu entnehmen.[30]

Die ursprünglich verabredete Aufgabenteilung zwischen RAF und USAAF war nicht mehr erkennbar. »Gegen Ende des Krieges deckten sich die Auffassungen der alliierten Bomberflotten vom Wesen, Ziel und der Taktik der Bombenangriffe vollständig. Nach öffentlicher amerikanischer Bekundung sind allein in den letzten vier Kriegsmonaten nachts oder bei dichter Wolkendekke durch blind geführte Städteangriffe der USAAF 80 000 Menschen getötet und 13 000 Häuser zerstört worden.«[31] Die RAF führte ebenfalls flächendeckende Städteangriffe durch. Der Angriff ihrer Bomber vom 14. 2. 1945 auf das mit Flüchtlingen überfüllte Dresden forderte weit mehr Opfer als jeder andere Luftangriff auf deutsche Städte während des Zweiten Weltkrieges.[32]

Auch das Münsterland wurde gegen Ende des Krieges noch einmal Ziel konzentrierter Bombenangriffe. Am 23. 3. 1945 hatte die Heeresgruppe Montgomery (2. Britische Armee) südlich von Wesel den Rhein überschritten und drang, unterstützt von der 9. US-Armee, nach Osten vor, um in einer Zangenbewegung gemeinsam mit der vom Brückenkopf Remagen aus nach Nordosten vorstoßenden 1. US-Armee das Ruhrgebiet einzukesseln.[33] Zur Vorbereitung des Vorstoßes der nördlichen Verbände bombardierte die USAAF u. a. Städte und Ortschaften des Münsterlandes; Borken, Ahaus, Coesfeld und Dülmen wurden fast gänzlich zerstört. Auch Münster erlebte am 23. 3. und am 25. 3. (Palmsonntag) zwei Tagesgroßangriffe, bei denen eine noch größere Zahl an Bomben auf die Stadt niederging als am 10. 10. 1943 abgeworfen worden war.[34] Viele der noch erhaltenen Wohngebäude und Kulturdenkmäler wurden zerstört; dank ausreichender Schutzmaßnahmen fanden von den verbliebenen 25 000 Einwohnern nur 25 den Tod.[35]

Wenn auch die forcierten Angriffe der letzten Kriegsmonate auf die deutschen Städte weniger Ziviltote forderten, so stand die zerstörerische Absicht und Wirkung dieser Bombenangriffe dem auf Dresden in nichts nach. Hinzu kamen die Jagdbomberangriffe gegen bislang von Bombenangriffen verschonte Kleinstädte, Dörfer und das offene Land.[36]

Bombenkrieg und Zivilbevölkerung

Als die Bombe durch die Entwicklung geeigneter Trägerflugzeuge zu einer neuen, das bisherige Kriegswesen revolutionierenden Angriffswaffe geworden war, stellte sich sogleich die Frage, ob der Einsatz dieser Waffe als eine kriegsrechtlich vertretbare Handlung anzusehen sei, konkret, ob die nach langem Ringen 1899 verabschiedete Haager Landkriegsordnung mit ihrer Bestimmung, unverteidigte Ortschaften dürften nicht beschossen werden, auch Anwendung auf den Bombenkrieg finden sollte.[37] Auf der zweiten Haager Konferenz 1907 wurde die Landkriegsordnung revidiert und der Artikel 25 erhielt unter Berücksichtigung dieser neuesten kriegstechnischen Errungenschaft den Wortlaut: »Es ist untersagt, unverteidigte Städte, Dörfer, Wohnstätten oder Gebäude, mit welchen Mitteln es auch sei, anzugreifen oder zu beschießen.«[38] Eine allgemeine Annahme dieses Verbotes erfolgte jedoch nicht.[39]

Nachdem der Erste Weltkrieg angedeutet hatte, welch ein Vernichtungspotential die Fliegerbombe in absehbarer Zeit darstellen würde, gab es in den europäischen Staaten eine Reihe von Bemühungen, den Bombenangriffen für den Fall einer bewaffneten Auseinandersetzung Grenzen zu weisen. Doch sowohl das Washington-Abkommen von 1922 und die auf der Haager Konferenz von 1923 vom IRK ausgearbeiteten sog. »Haager Luftkriegsregeln« als auch die Entschließung der Genfer Abrüstungskonferenz von 1932, die sämtlich Bestimmungen zum Schutz der Zivilbevölkerung zum Inhalt hatten, wurden von einigen Teilnehmerstaaten nicht ratifiziert.[40]

So hatten im Vorfeld des Zweiten Weltkrieges sowohl die deutsche Regierung durch ihre – erfolglosen – Bemühungen um eine internationale Luftkriegsordnung als auch der englische Premierminister Chamberlain ihre Forderungen nach einem vertragsmäßigen Schutz der Zivilbevölkerung im Falle eines Luftkrieges bekräftigt.[41]

DER BOMBENKRIEG VON 1940 BIS 1945

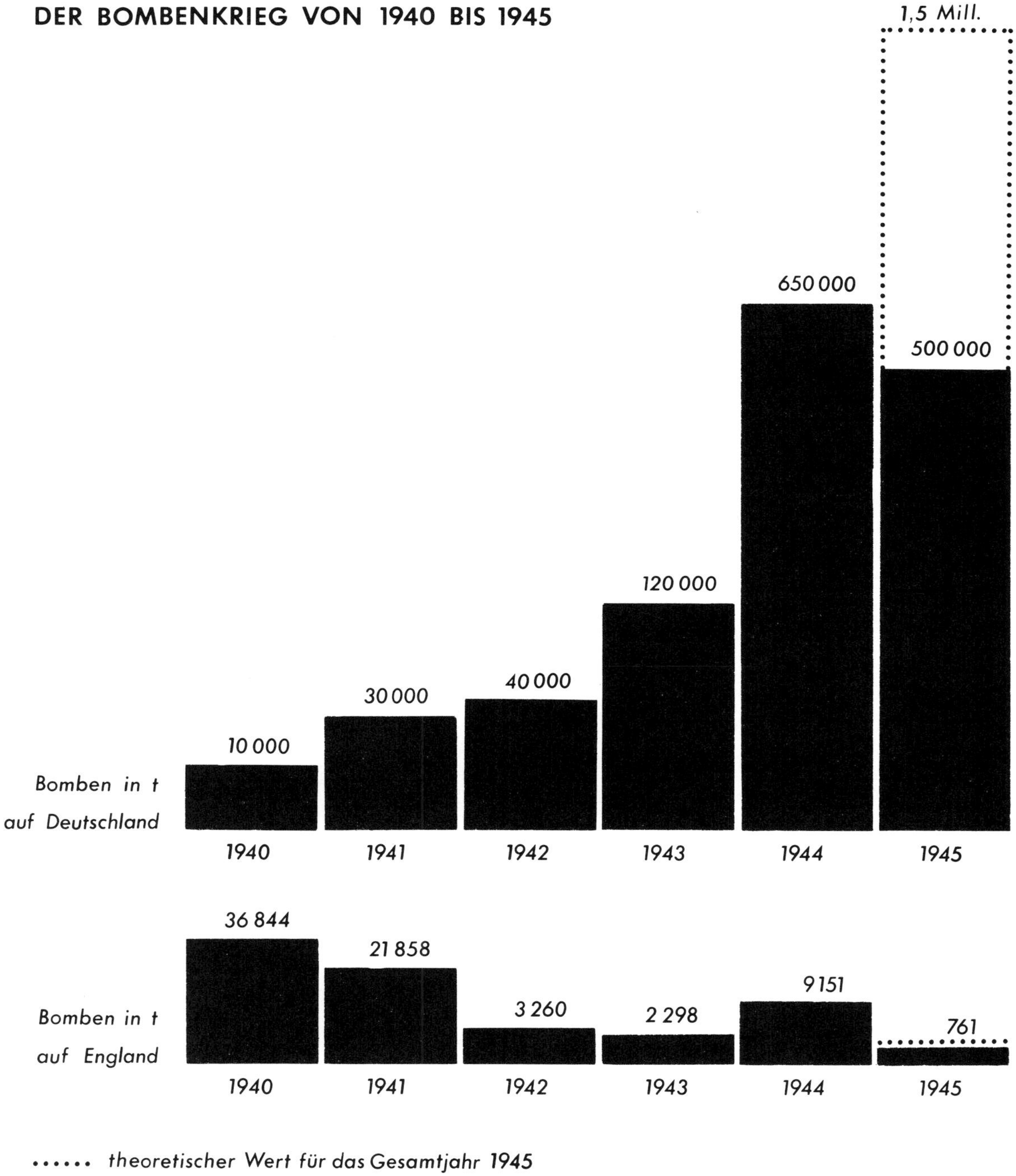

Daher wurde bei Ausbruch des Zweiten Weltkrieges die Gefahr eines totalen Bombenkrieges als sehr gering geachtet. Hitler erklärte am 1. September 1939: »Ich will keinen Krieg gegen Frauen und Kinder. Ich habe der Luftwaffe befohlen, nur militärische Ziele anzugreifen.«[42] Und die RAF erhielt den Befehl: »Angriffe gegen Ziele, die Leben und Eigentum der Zivilbevölkerung gefährden können, sind verboten.«[43]

Wie die von Rumpf als »Zeit der bewaffneten Aufklärung« bezeichnete erste Phase des Krieges zeigt, haben sich die Beteiligten an diese Prinzipien gehalten.[44] Die Schäden an zivilen Objekten und die Zahl der Ziviltoten waren sehr gering und ausschließlich auf Fehltreffer zurückzuführen. Auch die Bombardierung Warschaus am 25. 9. 1939, obwohl vielfach als erster »Terrorangriff« des Zweiten Weltkrieges bezeichnet, kann man nach eingehender Prüfung der Sachlage im Rahmen der Bestimmungen der Haager Landkriegsordnung rechtfertigen: Zum einen hatte die Stadt einen Verteidigungsgürtel, konnte also als befestigte Stadt gelten. Ferner war dem Luftangriff, dessen Zielvorgaben nicht die Wohngebiete der Stadt waren, eine fünfmalige Aufforderung zur Übergabe vorausgegangen.[45] Läßt man die Tatsache, daß eine Reihe von Fehlwürfen auch Wohnviertel trafen, außer acht, so kann man der deutschen Luftwaffe keine Verletzung des Kriegsrechtes vorhalten. Die völkerrechtliche Beurteilung des deutschen Angriffes auf Polen, der diese Situation erst bedingt hat, steht jedoch auf einem anderen Blatt,[46] ebenso wie die Frage, ob auch diese streng den Bestimmungen des Kriegsrechts unterworfene »zivilisierte« Kriegsführung überhaupt den Anspruch erheben kann, selbst den einfachsten Grundsätzen der Humanität gerecht zu werden.

Als Churchill in Großbritannien Premier- und zugleich Verteidigungsminister wurde, wandelte sich die englische Politik. Gegen den Widerstand des französischen Generals Gamelin[47] ordnete er die unverzügliche Bombardierung des feindlichen Hinterlandes an, die am 11. 5. 1940 mit einem Angriff auf die Außenbezirke Mönchengladbachs ihren Anfang nahm.[48] Veale bemerkt hierzu: »Der Angriff ... stellte ein epochemachendes Ereignis dar als die erste absichtliche Verletzung der Grundregel zivilisierter Kriegsführung, wonach sich Feindseligkeiten nur gegen die kämpfende Truppe des Gegners richten dürfen.[49] Damit war ein »großartiger Entschluß« gefallen, wie J. M. Spaight, einer der Befürworter des britischen Bombenkrieges, es formuliert.[50] Er fährt fort: »Wir begannen die Ziele in Deutschland zu bombardieren, ehe die Deutschen das in England taten. Das ist eine historische Tatsache, die auch öffentlich zugegeben worden ist. Wir wählten damit den besseren, aber härteren Weg. Wir verzichteten, indem wir die deutschen Städte zerschlugen, auf das Privileg, unsere Städte intakt zu erhalten. Wir brachten London zum Opfer dar, denn die Vergeltung war gewiß. Es ist keine absolute Gewißheit, aber doch sehr wahrscheinlich, daß die Deutschen London und das Industriegebiet nicht angegriffen hätten, wenn wir uns ruhig verhalten hätten. Ich begründe das so: Die Deutschen hätten ihren bisherigen Grundsatz damit aufgegeben, den sie in Befürchtung der Folgen strikt bewahrten. Deutschland bemühte sich um ein Stillhalteabkommen im Bombenkrieg, so oft sich dafür die leiseste Chance zu bieten schien. Diese Art der Luftkriegsführung machte sich nicht für sie bezahlt ...«[51] Die später von anderen angeführte Begründung, deutsche Städte seien von der RAF angegriffen worden, weil Warschau und Rotterdam von der deutschen Luftwaffe Terrorangriffen ausgeliefert worden seien,[52] kann nicht greifen, da ähnlich wie bei Warschau die Bombardierung Rotterdams als belagerte Stadt erst nach mehrfacher Übergabeaufforderung erfolgt ist.[53] Im übrigen fanden die Angriffe auf Mönchengladbach bereits drei Tage vor der Bombardierung Rotterdams statt. Erst fünf Monate später, am 7. September, reagierte die deutsche Luftwaffe durch ihren Angriff auf London mit der gleichen Verletzung der Haager Landkriegsordnung.

Die Aufnahme des erweiterten Bombenkrieges wurde von britischer Seite auch mit »humanitären« Überlegungen gerechtfertigt. So geht aus einem Weißbuch der Regierung, das unmittelbar nach Kriegsende veröffentlicht wurde, hervor, »daß die Blockade Europas durch die britische Flotte zwischen 1914 und 1918 ›annähernd 800 000 Todesopfer forderte, zumeist Frauen und Kinder‹, während andererseits die ›wahllose Bombardierung durch die R. A. F. zwischen 1940 und 1945 wahrscheinlich nicht viel mehr als 300 000 Menschen getötet‹ habe.«[54] Daß die tatsächliche Zahl der Todesopfer durch die Bombardierung der RAF nicht unter 2 Millionen liegt, wird nach dem heutigen Stand der Forschung wohl nicht mehr bestritten. Selbst wenn die dieser Argumentation zugrundeliegenden Zahlen richtig gewesen wären, so muß diese Beweisführung zur Rechtfertigung eines totalen Bombenkrieges sehr verwundern: Terror verkürzt den Krieg, dient folglich humanen Zielen!

Doch der erwartete rasche Sieg der britischen Truppen blieb aus, der »großartige Entschluß« leitete in ein »barbarisches Morden« über. Veale nimmt zu Spaights Argumentation Stellung: »›Der Verlust kostbarer Menschenleben‹, sagt Mr. Spaight dazu, ›muß als der menschliche Preis betrachtet werden, den man für die Erringung des menschlichen Vorteils zu zahlen hat‹, und er stärkt sein Gewissen mit der Feststellung, daß ›Dr. Garbett, der Erzbischof von York, hierzu einige sehr weise Dinge gesagt habe‹, nämlich, ›daß man oftmals im Leben nicht klar zwischen absolutem Recht und Unrecht unterscheiden könne‹.«[55]

Galten die Bombenangriffe auf die deutschen Städte in den Jahren 1940 und 1941 noch vorwiegend militärischen Objekten, Versorgungsanlagen, Industrieanlagen und Verkehrswegen – auch die Angriffe auf Münster forderten in diesem Zeitraum vergleichsweise wenig Tote –,[56] so zeichnete sich zu Anfang des Jahres 1942 eine erneute Änderung der Strategie ab. Frederick Lindemann, ein Berater des britischen Kriegskabinetts, hatte ein Geheimdokument vorgelegt, das die Forderung nach Verschärfung des Luftkrieges enthielt und diese damit begründete, daß »die Zerschlagung Deutschlands . . . durch hauptsächlich gegen die Wohnviertel der Arbeiter gerichtete Bombenangriffe schneller zu erreichen« sei.[57] Daraufhin erließ am 14. 2. 1942 der Stab der RAF auf Anregung des britischen Kriegskabinetts eine grundlegende Direktive zur Durchführung von Bombenangriffen,[58] in der es u. a. heißt: ». . . es ist entschieden worden, daß die Operationen sich auf die Schwächung der Moral der feindlichen Zivilbevölkerung zu konzentrieren haben, besonders der Industriearbeiter.«[59] Zwar wurden in der Anlage zu dieser Direktive Industrieanlagen und Industriegebiete als primäre Ziele aufgeführt,[60] doch Harris, der seit dem 22. 2. 1942 die Leitung des Bomber Command übernommen hatte, kam zu der Überzeugung, daß Präzisionsangriffe gegen kleine Ziele bei den üblichen Nachtflügen beim damaligen Stand der Ziel- und Abwurftechnik kaum möglich waren. Es sollten statt dessen »flächendeckende Angriffe gegen die Wohngebiete der deutschen Industriearbeiterschaft« geflogen werden, »um die Arbeiter von den Produktionsstätten zu vertreiben.«[61] Damit hatte der Bombenkrieg endgültig den Charakter »zivilisierter« Kriegsführung verloren, wurden hier doch eindeutig auch Zivilisten das Ziel militärischer Aktionen. Aufgrund der geringfügigen Einschränkung Harris', die Angriffe auf Wohnbereiche sollten nur Industriearbeitersiedlungen gelten, kann man unterstellen, daß die Tötung der Zivilisten nicht ausschließlich der Dezimierung des Bevölkerungsbestandes diente, sondern primär der Unterbindung weiterer industrieller Produktion. Es ist ein Hohn, daß diese Formulierung offenbar dazu benutzt werden sollte, den Vorwurf der totalen Bombenkriegsführung zurückzuweisen.

Die Pointblank-Direktive vom 14. Mai 1943, in der die Koordination der nächtlichen Flächenangriffe durch die RAF und der Tagespräzisionsangriffe auf militärisch wichtige Ziele durch die USAAF vorgenommen wurde, definierte den Auftrag der Bomberverbände ähnlich: »Durchführung einer gemeinsamen amerikanisch-britischen Luftoffensive zur fortschreitenden Zerstörung und Desorganisation des deutschen militärischen, industriellen und wirtschaftlichen Systems und zur Unterminierung der Moral des deutschen Volkes bis zu einem Punkt, an dem seine Fähigkeit, bewaffneten Widerstand zu leisten, tödlich getroffen ist. Das soll heißen, die Widerstandskraft soll so weit geschwächt werden, daß endgültige kombinierte Operationen auf dem Kontinent begonnen werden können.«[62] Obgleich auch aus dieser Weisung deutlich wird, daß der Luftkrieg nicht primär gegen das Leben der Zivilbevölkerung gerichtet war, sah es in der Realität anders aus. Trotz oder auch dank verbesserter Zieltechnik trafen die Angriffe zum Kriegsende hin zunehmend reine Wohnviertel, besonders die Innenstädte, die naturgemäß die höchsten Bevölkerungsdichten aufwiesen.[63] Zeugenaussagen bestätigen, daß ab 1943 die Zielvorgaben sowohl amerikanischer als auch britischer Bomberangriffe auf rein zivile Objekte, wie z. B. kulturhistorische Bauten und Wohnbereiche lauteten – so galt z. B. beim Angriff auf Münster am 10. 10. 1943 das Westportal des Domes als Zielpunkt –;[64] selbst Flüchtlingskolonnen, einzelne Straßenpassanten oder Feldarbeiter, sogar Kinder auf dem Schulweg wurden von Tieffliegern systematisch beschossen.[65]

Urteile

Die Beurteilung und Bewertung der strategischen Bombenangriffe ist problematisch. Ein Militärwissenschaftler setzt bei der kritischen Würdigung andere Schwerpunkte und Maßstäbe als ein Politiker oder als ein Historiker, der Augenzeuge andere als der Außenstehende. Politisches Kalkül, strategisches Denken und moralische Grundsätze sind als Urteilskriterien nur schwerlich vereinbar. Ein kurzer Überblick über die wissenschaftliche Diskussion soll einen Einblick in verschiedene Argumentationen vermitteln.

Die zentrale Frage an die strategischen Bombenangriffe ist die Frage nach dem Warum, nach den Motiven und den Zielen, die die Verantwortlichen mit der unterschiedslosen Tötung von Militär- und Zivilpersonen verfolgt haben. Die strategische Bedeutung, die den Angriffen beigemessen worden war, wird von vielen bezweifelt. So stellt Parker fest, daß die strategische Bomberoffensive keine wirksame Kriegswaffe gewesen sei. Daraus folge, daß die von den Befürwortern vorgebrachte Argumentation, diese Angriffe »kürzten den Krieg ab und mordeten nicht etwa unschuldige Menschen in der Art, wie es die deutsche Regierung tat«, absolut irrig sei.[66] Spetzle und Kehrl schließen sich dieser Argumentation an, indem sie den Nachweis führen, daß die Produktion der Rüstungsindustrie in Deutschland bis Mitte 1944 noch deutliche Steigerungsraten aufweisen konnte.[67] Erst als die Luftangriffe auf die Produktionsstätten für Stickstoff, Buna, Benzin und Energiewerke konzentriert wurde,[68] als sie also die »Nervenzentren des Kriegspotentials«[69] trafen, ging die industrielle Kriegsproduktion zurück. Für Parker und Kehrl war die bedeutendere Ursache für den Produktionsrückgang jedoch in der Tatsache zu suchen, daß territoriale Verluste, wie die Räumung Belgiens, Frankreichs, Rumäniens und des gesamten Balkans das Deutsche Reich von kriegsnotwendigen Rohstoffquellen abgeschnitten hatten.[70] Bergander dagegen sieht in der strategischen Bomberoffensive eine durchaus erfolgreiche Maßnahme zur Schwächung des deutschen Widerstandes und zur Erleichterung des Vormarsches der alliierten Truppen. Er folgert daraus, »daß diese (Bomber-)Offensive mit ihren militärischen, wirtschaftlichen, technischen, infrastrukturellen und psychologischen Auswirkungen die Dauer des Krieges in Europa ohne jeden Zweifel verkürzt hat.«[71] Auch »The United States Bombing Survey« vom 30. 9. 1945,[72] der offizielle amerikanische Bericht über das strategische Bombardement, stellt zusammenfassend fest, daß die Bombardierung der Industrieziele zwar letztlich die Niederlage Deutschlands beschleunigt habe, jedoch »die alliierte Luftwaffe ... oft anders und besser hätte eingesetzt werden können.«[73] Kann man unter diesen Umständen aus dem Abstand der Gegenwart die Bombenangriffe gegen die Städte legitimieren? Münster z. B. wies durchaus kriegswichtige Ziele auf: Kasernen, Schienen- und Straßenverkehrswege, einen Schiffahrtsweg, Hafenanlagen und kleinere Industrien. Es ist jedoch nicht bestreitbar, daß die Angriffe auf Münster – wie auch auf eine Vielzahl der anderen Städte –, sollten sie tatsächlich nur der Lahmlegung von Wirtschaft und Verkehr gegolten haben, deutlich überdimensioniert waren.[74]

Eine andere Argumentation begründet die strategische Zweckmäßigkeit des Bombenkrieges mit der demoralisierenden Wirkung konzentrierter Flächenangriffe auf Wohngebiete.[75] Feuchter stellt dazu fest: »Allein hätte der Bombenkrieg auf die Städte den Widerstandswillen der deutschen Bevölkerung nicht brechen können. Daß er dennoch gegen Ende des Krieges wesentlich dazu beigetragen hat, ist nur darauf zurückzuführen, daß die Moral zuerst durch die aussichtslos gewordene Erdlage ins Wanken gekommen und daraufhin den zusätzlichen Belastungen durch den Luftkrieg nicht mehr gewachsen war.«[76] Die zunächst geringe Wirkung auf die Moral der Bevölkerung verwundert nicht, wenn man bedenkt, daß Flugblätter, die von der Bevölkerung Auflehnung gegen die Nazidiktatur forderten und Freiheit und Frieden in Aussicht stellten, gleichzeitig mit Bomben von verheerender Wirkung abgeworfen wurden. Dazu hatte »die Veröffentlichung des schändlichen Morgenthauplanes ... keinen Zweifel an den Absichten der Sieger gelassen.«[77] »Im Februar 1945 war der Krieg schon lange kein militärisches Unternehmen mehr, sondern es ging nur noch darum, den verzweifelten, doch hoffnungslosen Widerstand eines geschlagenen Volkes zu brechen«, urteilt Veale;[78] und Golo Mann charakterisiert treffend die innenpolitische Situation in Deutschland, die den sinnlosen Widerstand gegen die Übermacht erklärt: »Dort lebte das Volk jetzt zwischen zwei Schrecken, den feindlichen Bomben aus der Luft und den Volksgerichtshöfen, mit deren Todesurteilen der Führer seine ›deutschen Menschen‹ heimsuchte ... Die Europa zu terrorisieren schienen, lebten selber unter dem gleichen Terror.«[79]

Wenn nicht die Zerstörung der Moral der deutschen Bevölkerung erwirkt und damit die baldige Kapitulation und ein rasches Ende des Krieges erzwungen werden konnte, was bewog dann die Verantwortlichen, mit der Flächenbombardierung fortzufahren, sie zum Ende hin ständig zu forcieren? Bergander findet die Begründung außerhalb des Bereiches strategisch-rationaler Argumentation: »Der Bombenkrieg sollte auch Strafe sein, Züchtigung des deutschen Volkes, das die Befehle einer Bande von Kriegsbrandstiftern willig, wenn nicht begeistert ausführte; so schien es jedenfalls. Und das jahrelang, mit großem Erfolg, jedoch mit fürchterlichen Folgen für die Besiegten.«[80]

Auch das persönliche Empfinden Churchills hatte nach Grenfell maßgeblich Anteil an der pausenlosen Bombardierung deutscher Städte: »Der Premierminister hatte ... in Haß auf den Feind geschwelgt, während des Krieges – und vielleicht auch vorher. Als Mensch stand es Churchill völlig frei, sich den stärksten Gefühlsregungen gegenüber den Deutschen hinzugeben. Für den Staatsmann aber war ein persönlicher Haß verhängnisvoll, weil er unvermeidlich die kühle und leidenschaftslose Betrachtungsweise zerstört, die das wesentliche Kennzeichen des Staatsmannes ist ... Daß die Engländer im Zweiten Weltkrieg wie niemals zuvor von Abscheu gegen den Hauptfeind erfüllt waren, lag an den ultraextremen Kriegszielen ihrer Führer ...Bedingungslose Kapitulation war eine Kriegspolitik, aus der der letzte Tropfen von Maßhaltung herausgepreßt war und in der kein Raum war für klug berechnende Mäßigung.«[81]

Zusammenfassung

Der Bombenkrieg im Zweiten Weltkrieg wurde von allen Beteiligten unter zunehmendem Einsatz des jeweils verfügbaren Vernichtungspotentials geführt. Auch an der Ostfront wurden Bombeneinsätze – vor allem von der deutschen Luftwaffe – geflogen; diese waren jedoch vom Umfang und der Wirkung her überhaupt nicht mit den Angriffen der Alliierten auf die deutschen Städte vergleichbar.

Der amerikanische Völkerrechtler W. B. Lawrence hatte sich schon 1875 gegen jeden Versuch ausgesprochen, die Übel des Krieges zu mildern. Er schrieb: »Krieg ist eine schreckliche Geißel für die Menschheit. Aber die Nationen leiden im allgemeinen mehr unter seinen Folgen als durch seine unmittelbaren Geschehnisse. Um kurz zu sein, muß der Krieg schrecklich sein, nur unter dieser Bedingung flößt er den Nationen und ihren Souveränen Schrecken ein.«[82] Bezugnehmend auf diese Theorie stellt Laternser fest: »Die Wirkung, welche während des Zweiten Weltkrieges die Massenvernichtung der deutschen Zivilbevölkerung durch die britische und amerikanische Luftwaffe auf die deutsche Widerstandskraft hatte, ... (hat) auf jeden Fall die Wirksamkeit dieses Prinzips bewiesen.«[83] Die wahllose, das Völker- und Kriegsrecht verletzende Bombardierung von Zivilisten, Städten und Dörfern ist eine Entsetzen verursachende, in ihren Verwüstungen beispiellose Aufgabe der zivilen Kriegsführung. Der totale, primäre Krieg hatte sich wieder Raum geschaffen,[84] er ist ein Zeugnis von der »Verwilderung« und »Entartung«[85] nicht nur des Krieges, sondern des Menschen überhaupt. Golo Mann charakterisiert die Endphase des Zweiten Weltkrieges so:

»Nachdem die Alliierten im Hochsommer ganz Frankreich überrannt und die deutschen Truppen auf die alten Reichsgrenzen zurückgeworfen hatten, kam der Krieg im Herbst noch einmal zum Stehen. Die Amerikaner ... machten da halt, wo vor fünf Jahren die Franzosen halt gemacht hatten ..., am sagenhaften, kaum bemannten, kaum existierenden ›Westwall‹. Dort hielten sie an und ließen nun wieder, monatelang, nichts sprechen als das barbarische Argument der Bomben aus der Luft. Damals erst, so kurz vor dem Ende, sind die schwersten Angriffe erfolgt, auch auf Städte, die bisher verschont waren und wegen ihrer industriellen Bedeutungslosigkeit sich geschützt glaubten ...; nächtliche Massenmorde an der Zivilbevölkerung, die zeigten, welchen Tiefstand die öffentliche Moral nun überall erreicht hatte. ›Kriegsführende‹, hat ein alter Historiker geschrieben, ›tauschen Eigenschaften aus.‹ H. hat nichts von den Angelsachsen angenommen, aber die Angelsachsen einiges von H. Während sie sich und den Bomben Zeit ließen, trafen sie sich zu Konferenzen, auf denen die Zukunft großspurig und vage geplant wurde: Die Teilung Deutschlands in Besatzungszonen, die Abschaffung des deutschen Heeres und Generalstabes für ewige Zeiten, phantastische Grenzverschiebungen im Osten . . .«[86]

Nachtrag:

Der 40. Jahrestag der Zerstörung Hamburgs durch die »Operation Gomorrha« (25. 7. bis 3. 8. 1943) wurde von den Medien zum Anlaß genommen, mit Dokumentationen und Kommentaren an die Bombenangriffe im Zweiten Weltkrieg zu erinnern. Aus dem In- und Ausland gab es hierzu zahlreiche Reaktionen. In einem Leserbrief an die Frankfurter Allgemeine Zeitung (Abdruck in der Ausgabe vom 1. 8. 1983) nahm ein Niederländer Stellung:

Wer fühlt sich nicht an die Verbrennungsöfen von Auschwitz erinnert, wenn er von einem Bomberpiloten nach seinem Angriff auf städtische Wohngebiete den Ausspruch liest: »Unser Bombenabwurf war ganz genauso, als ob man eine Schaufel Kohlen in ein helles Ofenfeuer tut«? Leider neutralisiert die Schilderung von der Vernichtung Hamburgs vor 40 Jahren in der F.A.Z. vom 23. Juli das Geschehen in seiner moralischen Dimension. Die systematisch geplante und ausgeführte Verbrennung und Tötung von 40 000 Zivilisten durch eine Kette von Luftangriffen war keine schlichte »Katastrophe« und auch nicht die unvermeidliche Logik von kriegerischer Aktion oder gar das Ergebnis von Fehlabwürfen – und vielleicht deshalb entschuldbar. Hier wurden vorsätzlich Kriegsverbrechen begangen, die nur deswegen nicht so genannt werden dürfen, weil sie die späteren Sieger ausübten.
Im Gegenteil, wenn nach vorherrschendem Geschichtsverständnis, das auch der Verfasser dieser Zeilen teilt, der Krieg letztlich von jenen gewonnen wurde, die ihn zur Verteidigung ihrer Souveränität und der sie gewährleistenden Menschenrechte zu führen gezwungen worden waren, dann sind die von ihnen in Zusammenhang mit solchen Zielen begangenen Verbrechen gravierender als jene der deutschen Wehrmacht, die Rotterdam und Coventry zerstörte, und der SS, die die Bewohner von Oradour und Lidice ermordete. Von einem verbrecherischen Regime und den ihm folgenden Menschenfeinden, die damals Deutschland beherrschten, konnte nur das Schlimmste erwartet werden. Ihrer Herkunft, Sozialisation und Gangstermoral wegen können sie mit mildernden Umständen für ihre Verbrechen rechnen. Die Gentlemen, aus denen Befehlshaber und Offizierskorps der Alliierten bestanden, wußten nicht nur, in welchem Ausmaß sie mit den Flächenbombardements Zivilisten töteten, ihnen war auch bewußt, daß sie für eine bessere Sache kämpften.
Was damals geschah, ist auch darum nicht zu verharmlosen, weil die ehemaligen Feindstaaten heute Mitglieder desselben Bündnisses sind. Das wäre nicht nur eine unwürdige und einseitige, sondern auch eine die Opfer von damals beleidigende Haltung. Eine deutsche Regierung sollte darum die das Land bereisenden Premierminister (inklusive Königin) und Präsidenten nach dem obligatorischen Reverenzerweis vor dem Grab des Unbekannten Soldaten an die Grabstätten der bekannten Erschlagenen und Verbrannten von Hamburg, Lübeck, Münster, Kassel, Nürnberg, Würzburg (welche deutsche Stadt fehlt?) führen, damit sie der Opfer und der von ihren Amtsvorgängern und im Namen ihrer Völker angeordneten Verbrechen gedächten.

Professor Dr. Kurt P. Tudyka,
Katholische Universität Nijmegen.

Tab. 1: Folgen den Bombenkrieges 1940–1945

	England	Dt. Reich	Frankreich
Tote	60 000	410 000[1]	59 000[2]
Gesamtgewicht der Bomben (t)	75 000[3]	1 996 036[4]	

[1] Ohne Vermißte
[2] Opfer alliierter Bombenangriffe auf das besetzte Frankreich
[3] Einschließlich 19 000 t V-Waffen
[4] Dt. Reich und besetzte Westgebiete

12 % der alliierten Bomben trafen militärische Anlagen und andere kriegswichtige Ziele, 50 % fielen auf Wohngebiete (davon 20 % Brandbomben).

3,6 Mill. Häuser wurden zerstört, 7,5 Mill. Bewohner obdachlos.

(F. Kurowski, Der Luftkrieg über Deutschland, Düsseldorf/Wien 1977, S. 355ff.; H. Rumpf, Das war der Bombenkrieg, Oldenburg 1961, S. 191f.)

Tab. 2: Die Rüstungsproduktion des Deutschen Reiches 1942–1944

	1942	1943	1944
Panzer (in	9 300	12 700	27 000
Geschütze Stück-	11 800	17 800	40 000
Flugzeuge zahlen)	14 500	25 000	38 000
U-Boote (nach verdrängten t)	191 000	202 000	233 000
Munition (nach sog. Generalstabs-t)	1 270 000	1 650 000	3 350 000

Die Zahlen für das Jahr 1944 geben nur einen unvollkommenen Eindruck von dem Umfang der Steigerung, da die Rüstungsproduktion ab September 1944 deutlich zurückging.

(H. Kehrl, Kriegswirtschaft und Rüstungsindustrie, in: Bilanz des Zweiten Weltkrieges, Oldenburg/Hamburg 1953, S. 280.)

Tab. 3: Die Roh- und Grundstoffproduktion des Deutschen Reiches 1943/44

	Monatsdurchschnitt 1943	März 1944 t	Juli t	Oktober t	Dezember t
Steinkohle	22,3 Mill. t	24,7 Mill.	22,6 Mill.	16,2 Mill.	14.3 Mill.
Rohstahl	2,5 Mill. t	2,7 Mill.	2,5 Mill.	2,0 Mill.	1,0 Mill.
Mineralöle	625 000 t	733 000	346 000	?	200 000
Stickstoff	77 000 t	84 000	57 000	37 000	20 000
Buna	9 600 t	12 700	10 000	5 700	1 800
Sprengstoff	34 000 t	?	49 000	36 000	31 000

(Kehrl, S. 283.)

Tab. 4: Bevölkerungsverluste in Europa 1939–1945

	Tote der Streitkräfte durch Kriegseinwirkung	Tote der Zivilbevölkerung durch Kriegseinwirkung
Belgien	12 000	76 000
Bulgarien	10 000	10 000
Dänemark	400	1 000
Deutsches Reich	4 000 000	4 500 000
Finnland	82 000	2 000
Frankreich	250 000	350 000
Griechenland	20 000	140 000
Großbritannien	326 000	62 000
Italien	330 000	80 000
Jugoslawien	300 000	1 400 000
Luxemburg	4 000	1 000
Niederlande	12 000	198 000
Norwegen	6 000	4 000
Österreich	230 000	104 000
Polen	100 000	4 200 000
Rumänien	200 000	260 000
Sowjetunion	14 000 000	8 000 000
Tschechoslowakei	150 000	215 000
Ungarn	140 000	280 000

(Nach H. Arntz, Die Menschenverluste im Zweiten Weltkrieg, in: Bilanz des Zweiten Weltkrieges, Oldenburg/Hamburg 1953, S. 445; G. Binder, Geschichte im Zeitalter der Weltkriege, Bd. I, Stuttgart 1977, S. 699f.)

[1] Siehe dazu H. Rumpf, Das war der Bombenkrieg, Oldenburg/Hamburg 1961, S. 11.
[2] Ebd., S. 9,
[3] Siehe dazu F. Kurowski, Der Luftkrieg über Deutschland, Düsseldorf/Wien 1977, S. 9f.
[4] Ebd., S. 14f.
[5] Ebd., S. 15ff.
[6] Ebd., S. 49ff.
[7] Ebd., S. 51f.
[8] Rumpf, S. 17.
[9] Ebd., S. 18f.
[10] Ebd., S. 17.
[11] F. J. P. Veale, Der Barbarei entgegen, Hamburg 1954, S. 151.
[12] Rumpf, S. 20.
[13] Ebd., S. 20f.
[14] Siehe unten S. 29.
[15] Rumpf, S. 21.
[16] Kurowski, S. 83ff.; siehe auch H. Brunswig, Feuersturm über Hamburg, Stuttgart 1981, S. 39ff.
[17] H. Schnatz, Der Luftkrieg im Raum Koblenz 1944/45, Boppard 1981, S. 5.
[18] Siehe unten S. 29f.
[19] Siehe unten S. 35.
[20] W. Beer, Im Inferno des Bombenkrieges, i. d. Reihe »Geschichte original – am Beispiel der Stadt Münster«, Hg. Stadtmuseum und Stadtarchiv Münster, Münster 1983, S. 2.
[21] Schnatz, S. 5f.
[22] Ebd., S. 6.
[23] Ebd., S. 6f.
[24] Siehe unten S. 30, 35.
[25] Schnatz, S. 9f.
[26] Siehe unten S. 30, 35.
[27] Kurowski, S. 132.
[28] Ebd.
[29] Rumpf, S. 96f.
[30] Siehe unten S. 35.
[31] Rumpf, S. 100.
[32] Die Schätzungen über die Zahl der Opfer schwanken zwischen 25 000 und 1,5 Mill. (G. Bergander, Dresden im Luftkrieg, Köln/Wien 1977, S. 152).
[33] Siehe dazu W. Meyer-Detring, Die militärischen Ereignisse im rheinisch-westfälischen Raum während des Zweiten Weltkrieges, in: Westfälische Zeitschrift Bd. 117 (1967), S. 49–65; F. G. Hohmann, Das Ende des Zweiten Weltkrieges im Raum Paderborn, in: Westfälische Zeitschrift Bd. 130 (1980), S. 339–397.
[34] Siehe unten S. 33.
[35] Siehe unten S. 33, 36.
[36] Rumpf, S. 105.
[37] H. Laternser, Der Zweite Weltkrieg und das Recht, in: Bilanz des Zweiten Weltkrieges, Oldenburg/Hamburg 1953, S. 411f.; E. Spetzler, Luftkrieg und Menschlichkeit, Göttingen 1956, S. 29ff.
[38] Die Haager Landkriegsordnung, Hg. R. Laun, Hannover 1948[4], S. 87.
[39] Spetzler, S. 31.
[40] Rumpf, S. 15.
[41] Ebd., S. 15f.
[42] Nach Rumpf, S. 16.
[43] Nach Rumpf, S. 17.
[44] Ebd., S. 17ff.
[45] Kurowski, S. 52; Brunswig, S. 22.
[46] Kurowski, S. 52.
[47] Veale, S. 147.
[48] Ebd., S. 151; Rumpf, S. 20.
[49] Veale, S. 143.
[50] J. M. Spaight, Bombing Vindicated, London 1944; zit. nach Rumpf, S. 21.
[51] Nach Rumpf, S. 21.
[52] Veale, S. 145; Spaight räumt allerdings ein, daß die Luftangriffe auf Warschau und Rotterdam »Teil der taktischen Offensive« waren (ebd.).
[53] Kurowski, S. 84ff.
[54] Veale, S. 148.
[55] Ebd., S. 150f.; bezugnehmend auf Spaight, S. 148.
[56] Siehe unten S. 35.
[57] Kurowski, S. 184.
[58] Kurowski, S. 184f.; Schnatz, S. 8; A. Verrier, Bomberoffensive gegen Deutschland, Frankfurt a. M. 1970, S. 320ff.
[59] Verrier, S. 321.
[60] Ebd., S. 322f.
[61] Schnatz, S. 8.
[62] Verrier, S. 324.
[63] Luftmarschall Harris gesteht freimütig: »Es muß mit Nachdruck gesagt werden, daß, von Essen abgesehen, wir niemals ein besonderes Industriewerk als Ziel gewählt haben. Die Zerstörung von Industrieanlagen erschien uns stets als eine Art Sonderprämie. Unser eigentliches Ziel war immer die Innenstadt.« (G. W. Feuchter, Geschichte des Luftkriegs, Entwicklung und Zukunft, Bonn 1954, S. 295.)
[64] Siehe unten S. 44.
[65] Spetzler, S. 314. Siehe auch die statistische Zusammenfassung der Folgen des Bombenkrieges, Tab. 1.
[66] R. C. A. Parker, Das Zwanzigste Jahrhundert (Fischer Weltgeschichte, Bd. 34), Frankfurt a. M. 1967, S. 345. Parker setzt sich kritisch mit der von Harris und Spaight geführten Argumentation auseinander; vgl. Veale, S. 145ff.
[67] Spetzler, S. 319, 321; H. Kehrl, Kriegsführung und Kriegsindustrie, in: Bilanz des Zweiten Weltkrieges, Oldenburg/Hamburg 1953, S. 282; siehe auch Tab. 2.
[68] Kehrl, S. 282; siehe auch Tab. 3.
[69] Spetzler, S. 321.
[70] Kehrl, S. 284.
[71] Bergander, S. 266.
[72] Abgedruckt (übersetzt) bei Rumpf, S. 173–190.
[73] Ebd., S. 189.
[74] Vgl. dazu die Argumentation Berganders bzgl. der Zerstörung Dresdens, S. 268.
[75] Vgl. dazu die Pointblank-Direktive (Verrier, S. 324).
[76] Feuchter, S. 296.
[77] Veale, S. 153.
[78] Ebd., S. 152.
[79] G. Mann, Deutsche Geschichte 1919–1945, Frankfurt a. M. 1968, S. 226.
[80] Bergander, S. 264.
[81] R. Grenfell, Bedingungsloser Haß?, Tübingen 1954, S. 137, 141f.
[82] Nach Laternser, S. 411.
[83] Ebd., S. 411.
[84] Veale, S. 159.
[85] Mann, Deutsche Geschichte 1919–1945, S. 225; Tab. 4 belegt diese These eindrucksvoll.
[86] G. Mann, Deutsche Geschichte des 19. und 20. Jahrhunders, Hamburg 1966, S. 957f.

Kat.-Nr. 118

Luftangriffe auf Münster – Bericht des Statistischen Amtes der Stadt Münster

102 Luftangriffe auf Münster

Als im Juni 1945 von Vertretern der U.S.S.B.S. (United States Strategic Bombing Survey) War Departement verlangt wurde, Dokumente und statistische Angaben, insbesondere auch über den Bombenkrieg, zu liefern, schien es zunächst, als ob bei den Angriffen auch die Aufzeichnungen darüber vernichtet worden wären. So schwierig war es unmittelbar nach Beendigung der Kampfhandlungen, genaue Zahlenangaben und Daten zu erhalten. Ein amerikanischer Offizier übergab dem Statistischen Amt einige Reste des im Bunker am Franziskushospital aufgefundenen Tagebuches über Luftangriffe, das von der Polizei geführt worden war. Hierin waren die letzten Angriffe, insbesondere der vom 25. März 1945, geschildert und letzterer als der 102. Angriff bezeichnet worden. Diese Schilderungen und eine bei der Städtischen Polizei geführte Aufstellung über die in den ersten Jahren stattgefundenen Bombenabwürfe bildeten die Grundlagen, aus denen später mit den Beurkundungen beim Standesamt, privaten Aufzeichnungen und anderen Unterlagen ein einigermaßen lückenloses Zahlenbild der Luftangriffe erstellt werden konnte.

Die ersten Bomben

Schon in den ersten Kriegstagen, nämlich am 3. und 4. September 1939, wurde von der Luftschutzwarnzentrale „Luftgefahr“ für Münster gemeldet. »Feindliche Flugzeuge aus Richtung Holland nach Münster unterwegs«, so lauteten die Warnungen. In der Nacht vom 4. zum 5. September 1939 gegen 3.45 Uhr (nachts) heulten erstmals bei dichtem Nebel die Sirenen; gleichzeitig ertönte der Donner der Flakgeschütze, die einige Schüsse abfeuerten. Der erste Bombenabwurf auf das Stadtgebiet von Münster fand am 16. Mai 1940 gegen 1.30 Uhr nachts statt, ohne daß vorher Luftwarnung gegeben worden war. Bei diesem sogenannten Kettenabwurf kamen alle 6 abgeworfenen Bomben zur Explosion und zerstörten hauptsächlich das Lager der Firma Stadtbäumer an der Dortmunder Straße und am Hansaring. Dieser Bombenabwurf – einer der ersten in Nordwestdeutschland überhaupt – wirkte sensationell und lockte einige Tage lang Tausende von Neugierigen zur Abwurfstelle. Noch ahnten sie nicht die Schrecken, die ihnen die kommenden Jahre bringen sollten, zumal nur 2 Personen leichte Verletzungen davongetragen hatten.

Bei dem nächsten größeren Angriff am 2. Juli 1940 (1.20–3.00 Uhr) entstand ein riesiger Brand, der ein gewaltiges Holzlager von 22 000 cbm am Hafen und 5 Schiffe vernichtete oder schwer beschädigte. Zur

Blick in die Johannisstraße.
Franz Eichler, um 1947

Bekämpfung dieses ausgedehnten Flammenmeeres erhielt die münsterische Feuerwehr von außerhalb eine Verstärkung von fast 500 Mann. Da unter den abgeworfenen Sprengbomben viele Blindgänger waren, die erst nach etwa 6 Tagen entfernt werden durften, erfolgte erstmalig eine Räumung der gefährdeten Straßen. Die Bewohner wurden in Sälen und Schulen untergebracht.

4 nächtliche Großangriffe

Nachdem die Bürgerschaft ein ganzes Jahr von größeren Angriffen verschont geblieben war, erlebte sie in den Nächten vom 6. bis 10. Juli 1941 durch 4 hintereinander folgende Großangriffe Stunden des Grauens. Insbesondere wurde das Hafenviertel und das Gebiet der Sonnenstraße in Mitleidenschaft gezogen. Der Dom, der rechte Flügel des Schlosses, die St. Clemens- und St. Lambertikirche sowie das Landesmuseum erlitten bei diesen Angriffen die ersten Zerstörungen; der alte Sendeturm am Albersloher Weg stürzte um. Das Stadttheater, der Romberger und Merveldter Hof wurden zerstört. Nach der zweiten, vor allem aber nach der dritten Angriffsnacht erfolgte gegen Abend der Auszug der Bevölkerung aus der Stadt, wobei zu berücksichtigen ist, daß damals noch keine Bunker errichtet waren; wohl 50 % der Einwohner verbrachten die warmen Sommernächte in der Umgebung der Stadt. Gerüchte liefen um, wonach Münster gänzlich zerstört werden solle; außerhalb wurde bereits von völliger Vernichtung und von über 4000 Toten gesprochen. In Wirklichkeit waren bei diesen Nachtangriffen 47 Tote zu beklagen. Doch gruben sich diese Nächte mit Feuer und dem Donner der Explosionen so stark in die Erinnerung derjenigen, die sie miterlebt haben, ein, weil sie zum erstenmale das schaurige Bild eines neuartigen Krieges gaben, der auch die zivile Bevölkerung mit seinen Schrecken nicht verschonte. Mit jedem weiteren Angriff erfuhr diese auch die furchtbaren Fortschritte auf dem Gebiet des Bombenkrieges, wobei leider die Waffen der Verteidigung mit denen des Angriffs nicht Schritt hielten. So wurden z. B. bei einem Angriff am 12. Juni 1943 sogenannte Minenbomben mit gewaltiger Sogwirkung abgeworfen. Durch die Explosion dieser Bomben, die wiederum in der Hauptsache das Süd- und Hafenviertel trafen, wurden nicht nur die zunächst liegenden Gebäude restlos zerstört, sondern auch in einem Umkreis von mehreren hundert Metern die Dächer abgedeckt. Bei diesem Angriff vor dem Pfingstfest kamen 52 Einwohner ums Leben.

Ein schwarzer Tag bei Sonnenschein

Einen Höhepunkt in der Tragödie der Zerstörung Münsters bildete der erste große Tagesangriff am 10. Oktober 1943. Es war ein klarer warmer Sonntag und der helle Sonnenschein hatte viele Menschen nach draußen gelockt; von außerhalb waren viele Besucher in der Stadt. Noch bestand Vertrauen auf unsere Luftabwehr und die von oberster Stelle immer wieder gegebenen Zusicherungen. Als um 14.55 Uhr Alarm gegeben wurde, dachten nur wenige daran, daß der Feind bei dem wolkenlosen Himmel wirklich einen Angriff wagen würde. So kam es, daß bei den ersten Bombenabwürfen die Straßen dicht von Menschen bevölkert waren; auch die Wohnungen waren zum großen Teil nicht geräumt worden. Daraus erklärt sich der große Verlust an Menschen (473 Zivilisten und fast 200 Soldaten), der allerdings in Anbetracht der Umstände und der Größe des Angriffs noch erheblicher hätte sein können. Alle Teile der Stadt wurden getroffen. Die schwersten Schäden erlitt das Ägidiiviertel und weitere Teile der Innenstadt. An bekannten Gebäuden wurden zerstört oder schwer beschädigt: Dom, Bischöflicher Hof, Dompropstei, Liebfrauen-, St.-Lamberti-, St.-Martini-, St. Clemens-, St.-Antonius-, St. Petrikirche, Teile der Universität, das Clemenshospital mit dem Mutterhaus der Schwestern, die Raphaels- und Hedwigsklinik. Spreng- und Brandbomben in gewaltiger Zahl waren für dieses Zerstörungswerk abgeworfen worden ...

Neben den münsterischen Kräften der Luftschutzpolizei (L. S. Pol.), in welcher die Berufs- und Freiwillige Feuerwehr, die Technische Nothilfe und zum Notdienst Verpflichtete zusammengefaßt waren, wurden 28 von auswärts kommende Feuerwehrkompanien eingesetzt, welche die Brände bekämpften und die Bergungs- und

Aufräumungsarbeiten durchführten. Viele tragische Ereignisse brachte dieser Oktobersonntag mit sich. So fand gerade im Mutterhaus der Clemensschwestern an der Loerstraße eine Konferenz der Oberinnen statt. Durch Bombentreffer kamen 52 Clemensschwestern ums Leben, darunter 1 Generaloberin, 2 Provinzialoberinnen, 1 Assistentin und 12 Oberinnen. Die Rettung der Verschütteten und die Bergung der Toten war nur unter sehr schwierigen Umständen, und zwar durch Eintreiben eines Stollens unter den Schuttmassen her, möglich. In der Leichenhalle des Zentralfriedhofes standen in diesen Tagen die Särge mit abgeschossenen amerikanischen Fliegern neben denen ihrer deutschen Opfer.

Bei dem am 5. November 1943 erfolgten Angriff wurden vorwiegend Brandbomben, und zwar in riesiger Zahl (ca. 90 000) abgeworfen. Hierbei hatte die Stadt insofern Glück im Unglück, als durch falsch gesetzte Angriffszeichen und infolge starken Windes die Brandbomben abgetrieben wurden und in den Gebieten von Mecklenbeck, Gievenbeck und Roxel größtenteils in die Felder fielen. Doch wurde hierbei eine größere Zahl von Bauernhöfen und Scheunen eingeäschert.

Die Angriffe in der zweiten Hälfte des Jahres 1943 waren auch aus dem Grunde besonders verheerend, weil die britischen und amerikanischen Bomber mit neuartigen, teilweise einfachsten Mitteln die deutsche Abwehr weitgehend ausgeschaltet hatten. In Massen abgeworfene Stanniolstreifen genügten, um die Arbeit an den Funkmeßgeräten unwirksam zu machen. Damit war eigentlich die Entscheidung im Luftkrieg gefallen. Diese neue Art der Luftkriegführung war am 24. Juli 1943 in Hamburg eingeleitet worden; ihre furchtbaren Auswirkungen mußte auch die Stadt Münster mehr und mehr erfahren.

Weitere Häufung der Angriffe

49 Angriffe hatten die Einwohner hinter sich, als das Jahr 1943 zu Ende ging. Von den bis zum Kriegsende noch folgenden 53 Zerstörungsaktionen sei noch die vom 12. September 1944 hervorgehoben, da sie mit einem Abwurf von schätzungsweise über 80 000 Brandbomben die Stadt, insbesondere den südlichen Teil, in ein Flammenmeer verwandelte. Selbst Gebäude ohne Treffer gerieten durch den gewaltigen Feuersog in Brand. Wie lodernde Fanale ragten die Türme der St. Josefs- und St. Antoniuskirche aus dem allgemeinen Brand des Südviertels empor. Auch das Gebiet hinter dem Bahnhof, zwischen Hansaring und Wolbecker Straße, wurde stark von Bränden heimgesucht, wobei die St. Elisabethkirche ein Raub der Flammen wurde. Die St. Ludgerikirche erlitt ebenfalls allerschwerste Schäden; auch ein weiterer Teil der Raphaelsklinik fiel den Flammen zum Opfer. Infolge der Zerstörungen an der Wasserleitung durch Sprengbomben stand die Feuerwehr den Bränden machtlos gegenüber; auswärtige Hilfskräfte waren wegen der allgemeinen Angriffsgefahr auch in anderen Städten nicht mehr vorhanden. Nur unter großen Schwierigkeiten war es möglich, die innerhalb der Brandherde noch befindlichen, durch die enorme Hitze, Funkenflug und einstürzende Häuser gefährdeten Menschen herauszuschaffen. Erst nach Stunden konnten die letzten Insassen den Bunker an der von-Kluck-Straße verlassen.

Nicht minder furchtbare Auswirkungen hatten die Angriffe vom 30. September und 22. Oktober 1944, bei denen zusammen ca. 5000 Sprengbomben und an die 200 000 Brandbomben das Trümmermeer der Stadt noch ausweiteten. Für das Westwerk des Domes war der Angriff vom 30. September 1944 ein schwerer Schlag. Ein Volltreffer zerriß das meterdicke Mauerwerk und führte zum Einsturz des gewaltigen Portals. Eine Luftmine zerstörte weitere Gebäude des romantischen Horstebergs, darunter die alte Regensbergsche Druckerei.

Schon hatte ein großer Teil der Einwohner, soweit sie nicht aus beruflichen Gründen verbleiben mußten, die Stadt verlassen; über 11 000 Personen wurden allein im September 1944 evakuiert. Da die übrigen Einwohner die Bunker aufsuchten oder mit Wagen und Fahrrädern in die Randgebiete der Stadt flüchteten, nahmen die Menschenverluste trotz gesteigerter Angriffe ab. In den letzten Monaten des Jahres 1944 wurde eine Pionierabteilung hierher beordert, die mit den hiesigen Sprengtrupps die Sprengungen der Hausruinen, deren Einsturz drohte, durchführen sollten.

Vernichtung des alten Rathauses

Als bei dem Luftangriff am 28. Oktober 1944, der den Prinzipalmarkt verwüstete, im Laufe des Nachmittags das über 600 Jahre alte Rathaus im Brande niederstürzte, erschien dies vielen Münsteranern, die sich ihrer Tränen nicht schämten, als ein Symbol des Untergangs der alten Stadt.

Ein Bunker wird getroffen

Wenn in Münster nicht nur die Häuser, sondern auch die Straßendecken, die darunter liegenden Versorgungsleitungen und Kanalisationen in besonderem Maße zerstört wurden, so trug dazu der größte Sprengbombenabwurf am 18. November 1944 seinen Teil bei. An die 4000 Sprengbomben – darunter neuartige mit furchtbarster Wirkung – wurden bei diesigem, unklaren Wetter über dem ganzen Stadtgebiet abgeworfen. Eine schwere Bombe – nach Meinung der Sachverständigen eine Spezialkonstruktion – drang in die 1,40 m dicke Betondecke des Schützenhofbunkers, wo sie explodierte. Durch die infolge des Detonationsdruckes sich lösenden Betonmassen wurde eine Anzahl Bunkerinsassen erschlagen. Aus den Trümmermassen wurden nach vielstündiger Arbeit 68 Tote geborgen. Die zurückgebliebene Bevölkerung, durch die »Bunkerknacker« in neue Aufregung versetzt, verlor jetzt auch das Vertrauen zu der Sicherheit der Bunker, so daß wiederum ein großer Teil (ca. 8000) die Stadt verließ. In den letzten Monaten des Jahres 1944 war die Stadt soweit zerstört, daß ein großer Teil der abgeworfenen Bomben in die Trümmer fiel und keinen Schaden mehr anrichten konnte. Die noch folgenden Angriffe waren zum großen Teil gegen das Gebiet der Loddenheide, den Hafen und die Reichsbahnanlagen gerichtet, die unter größten Mühen kaum notdürftig instandgesetzt, immer wieder zerstört wurden. Bei einem dieser Angriffe wurde ein auf dem Gleis hinter der Staufenstraße stehender Militärtransport mit neuesten Flakgeschützen zum großen Teil von Bomben vernichtet; das Gelände neben den Bahnanlagen glich nach dem Angriff einer Kraterlandschaft ...

Die Siedlung am »Grünen Grund«, die bis dahin einigermaßen glimpflich davongekommen war, erfuhr im Dezember 1944 die verheerende Sogwirkung einer Luftmine. Obgleich diese inmitten der Grünfläche niederfiel, deckte sie fast alle Dächer der Siedlung ab; von etwa 20 Häusern an beiden Seiten der Einschlagstelle wurden die Vorderfronten abgerissen.

Das bittere Ende

Die Monate Februar und März 1945 brachten die letzten Akte des grausigen Zerstörungswerkes, das mit riesigen Mengen von Sprengbomben, aber auch mit Brandbomben größter Wirkung vollendet wurde. So fielen allein in diesen beiden Monaten nach zuverlässigen Schätzungen über 16 000 Sprengbomben in die schon reichlich zertrümmerte Stadt. Am 9. März 1945 wurden Flugzettel mit Lebensmittel-Reisemarken abgeworfen.

Im Verlauf eines ausgedehnten Tagesangriffes am 23. März 1945, bei dem die Stadt vorwiegend von Sprengbomben heimgesucht wurde, sanken von den wenigen noch stehenden Gebäuden des Prinzipalmarktes weitere in Trümmer; der Dom erlitt durch eine Anzahl schwerster Sprengbomben nochmals unersetzliche Verluste nicht nur am Bauwerk, sondern auch an der inneren Ausstattung. Der letzte große Angriff, bei dem die ganze Stadt mit etwa 1800 Sprengbomben und über 150 000 Brandbomben belegt wurde, fand am Palmsonntag, dem 25. März 1945 statt. Es war ein Ende mit Schrecken, wobei das Zerstörungswerk vollendet wurde. In der schon fast zerstörten Altstadt wurde jetzt auch das sogenannte Kuhviertel vernichtet; ferner brannte das Schloß, dessen früher beschädigter Dachstuhl provisorisch wiederhergestellt war, an diesem Tag völlig aus. Überall in der Stadt wüteten die Brände, die nicht bekämpft werden konnten, weil die Wasserzufuhr versagte und auch die Löschgeräte zum größten Teil unbenutzbar geworden waren. Aus dem riesigen Flammenmeer ragte der brennende Südturm des Domes hervor, dessen Geläute in der Gluthitze zerschmolz.

Es wurde schon hervorgehoben daß die Stadt Münster in besonders reichem Maße durch den Abwurf von Sprengbomben betroffen und dadurch das Versorgungs-,

Verkehrs-, und Straßennetz stark in Mitleidenschaft gezogen wurde. Trotz des Tag- und Nachteinsatzes aller verfügbaren Arbeitskräfte war es schon in den letzten Monaten nicht mehr möglich gewesen, auch nur die Hauptstraßen von den Schuttmassen zu befreien. Aber auch das Wenige, was unter größten Mühen in der Aufräumung geleistet worden war, wurde durch diesen 102. Angriff am Palmsonntag 1945 zunichte gemacht.

So glich die Stadt, in der höchstens etwa 25 000 Einwohner verblieben waren, am Ende des Krieges einem chaotischen Trümmerhaufen, dessen Aufräumung vorerst unmöglich erschien. Mit einiger Genugtuung kann nur festgestellt werden, daß in Anbetracht der Zahl und der Schwere der Angriffe die Menschenverluste sich in mäßigen Grenzen gehalten haben. Es erscheint fast unglaublich, daß bei dem letzten großen Bombenabwurf nur 2 Tote und 3 Verwundete zu beklagen waren. Das lag vor allem daran, weil die Bevölkerung, durch die früheren Bombenabwürfe gewarnt, sich vorsichtig verhielt, viele Personen bei Häufung der Angriffe die Stadt verließen und die Zurückgebliebenen durchweg Platz in den vorhandenen Bunkern fanden. Bis zum 30. Juni 1944 waren von der Stadtverwaltung für 90 194 Personen Abreisebescheinigungen ausgestellt worden. Die Evakuierung der Schulkinder bis zum 14. Lebensjahr erfolgte im Herbst 1943.

Damit schließt das traurige Kapitel des Luftkrieges, in dem die Sirenen 1128 mal zum Alarm und 1259 mal zur öffentlichen Luftwarnung geheult haben.

Am 1. April lag die Stadt, insbesondere der nördliche Teil, in der Zeit von 10–13 Uhr unter Artillerie- und Panzerbeschuß. In den Nachmittagsstunden des 2. April 1945 gegen 18 Uhr rückten alliierte Truppen in die Stadt ein, ohne daß es hierbei zu größeren Kämpfen kam.

In den ersten Jahren des Krieges, als die deutsche Luftwaffe und Bodenabwehr noch stark waren, benutzten die feindlichen Flieger fast ausschließlich die Dunkelheit zum Einfliegen. Gegen Ende des Jahres 1943 (ab Oktober) war die eigene Abwehr soweit niedergekämpft bzw. ausgeschaltet, daß die Feindtätigkeit über dem Heimatgebiet immer intensiver und dabei mehr auf die Tagesstunden verlegt wurde.

Fliegeralarme in den einzelnen Kriegsjahren

Jahr	Zahl der Alarme Tag	Nacht	zus.	Dauer in Stunden Tag	Nacht	zus.	Durchschn. Dauer eines Alarms
1939	–	1	1	–	1	1	1 Std.
1940	10	147	157	7	288	295	1 Std. 53 Min.
1941	4	93	97	3	173	176	1 Std. 49 Min.
1942	35	65	100	25	101	126	1 Std. 16 Min.
1943	75	134	209	97	180	277	1 Std. 19 Min.
1944	231	98	329	279	85	364	1 Std. 7 Min.
1945 bis 2. 4.	177	58	235	225	68	293	1 Std. 14 Min.
Insges.	532	596	1128	636	896	1532	1 Std. 21 Min.

Von den insgesamt 1128 Alarmen entfiel die erste Hälfte auf die 52 Monate von September 1939 bis Ende 1943 und die zweite Hälfte auf die 15 Monate von Januar 1944 bis März 1945. Im Jahre 1940 kündeten die Sirenen insgesamt 157 Alarme an. Danach waren die Jahre 1941 und 1942 mit rund je 100 Alarmen verhältnismäßig ruhig. Dafür gab es 1943 209, im Jahre 1944 bereits 329 und in den ersten drei Monaten des Jahres 1945 sogar 235 Alarme, das sind fast 3 Alarme am Tage.

Insgesamt kamen 532 (Tages-)Alarme auf die Zeit von 6–20 Uhr und 596 (Nacht-)Alarme auf die Zeit nach 20 Uhr abends bis 6 Uhr morgens.

Die durchschnittliche Dauer eines Alarmes betrug 1 Stunde 21 Minuten. In den ersten Jahren dauerten sie beinahe 2 Stunden, in der letzten Zeit im Durchschnitt rund 1¼ Stunden. Dabei war man immer mehr bestrebt, Alarm möglichst nur für die Zeit zu geben, in der tatsächlich akute Luftgefahr für die Stadt bestand, während beim Herannahen von feindlichen Fliegerverbänden in Richtung auf die Stadt »Öffentliche Luftwarnung« durchgegeben wurde. Die Zahl dieser »Öffentlichen Luftwarnungen« betrug 1259.

Fliegeralarme und konzentrierte Großangriffe auf Münster

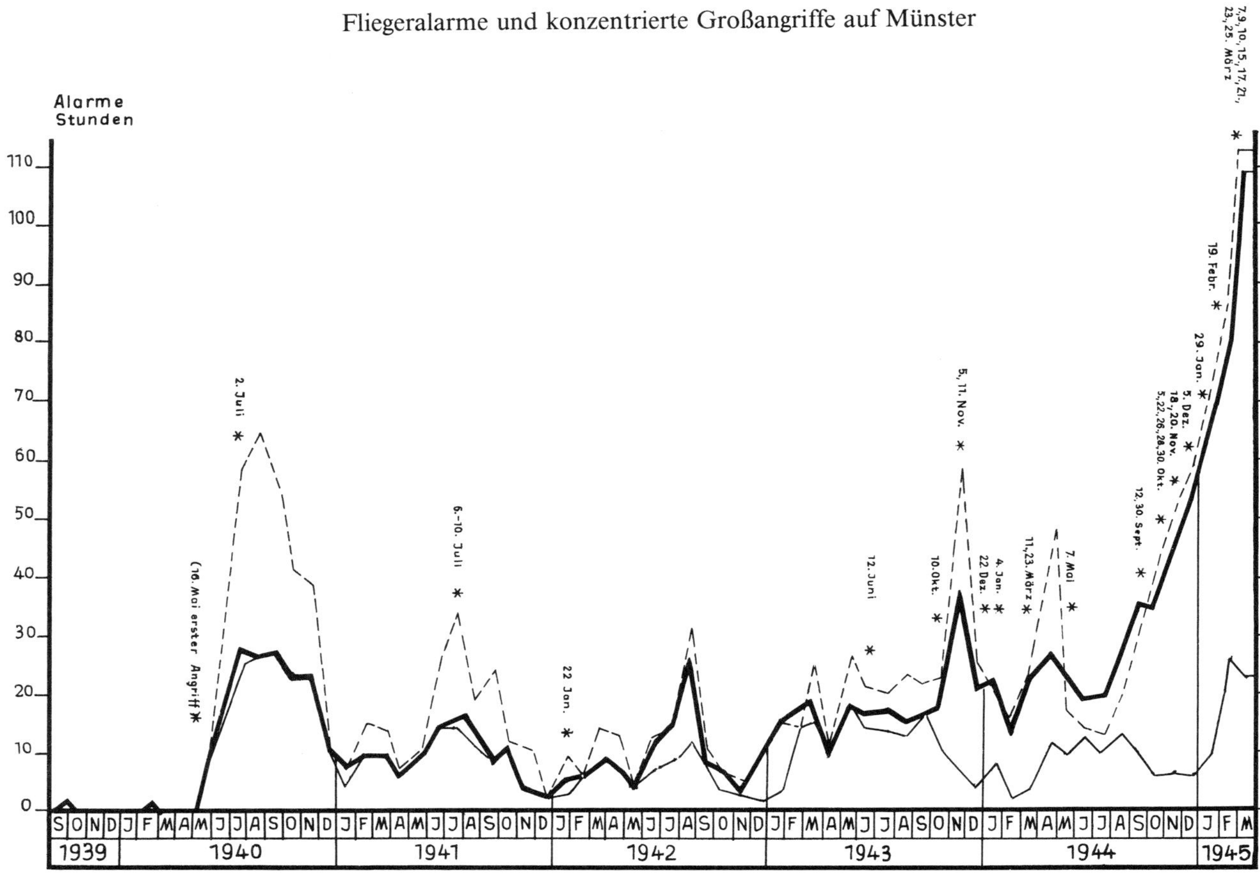

▬▬ = Gesamtfliegeralarme
(Tages- und Nachalarme)
—— = Nur Nachtalarme
– – – = Dauer der Fliegeralarme in Stunden
* = Die Zeitangaben (z. B. 10. Okt. 1947) bedeuten konzentrierte Großangriffe auf Münster

Chronologische Übersicht über die Angriffe, mit der Zeit der Angriffe, Bombenabwürfen und Toten

Lfd. Nr.	Datum	Zeit	Abgeworfene Bomben* Spreng-	Stab-	Phosp-hor- u. a.**	Tote (beurkundet)
				Brandbomben		
1	16. 5.1940	1.31	6			
2	3. 6.1940	2.05– 2.06	2			
3	20. 6.1940	1.38– 3.20	24	90		6
4	22. 6.1940	1.40– 2,20	5	20		
5	24. 6.1940	2.31– 2.43	4			
6	25. 6.1940	1.15– 2.37	11	46		
7	28. 6.1940	1.23– 2.00	7	30		
8	1. 7.1940	2.08– 2.16	3	10		
9	2. 7.1940	1.20– 3.00	60	35		2
10	3. 7.1940	1.07	8			
11	20. 7.1940	0.25– 0.30	10	20		
12	27. 7.1940	0.44	1			
13	2. 8.1940	1.20	9			
14	16. 8.1940	0.40	2	6		
15	18. 8.1940	0.20– 0.30	9			
16	23. 8.1940	3.00	5	80		
17	15. 9.1940	23.45–23.49	2			
18	3.10.1940	1.08	5	40		
19	10.10.1940	22.30	1			
20	13.10.1940	0.11	4			
21	16.10.1940	0.30– 0.50	4			
22	13.11.1940	1.00	3			
23	17.11.1940	21.02	5	120		
	1940 zus.		190	497	–	8
24	4. 1.1941	22.46–23.00	2	300		
25	30. 1.1941	7.00– 7.05	4			
26	15. 2.1941	22.15		20		
27	6. 7.1941	1.16– 2.50	240	3000		21
28	7. 7.1941	2.30– 2.35		30		
29	8. 7.1941	1.10– 3.00	270	3000		9
30	9. 7.1941	1.15– 2.41	320	3000		15
31	10. 7.1941	1.40– 2.40	60	1000		2
32	15. 7.1941	2.10– 2.15	4			
33	8. 8.1941	1.44– 2.50	8	200		
34	13. 8.1941	23.25– 3.56	8			
35	6. 9.1941	23.51– 0.21	8	40		
36	7.11.1941	23.53	5			10
	1941 zus.		929	ca. 10600	–	57
37	22. 1.1942	20.32–22.25	102			5
38	9. 3.1942	2.39– 5.52	3			
39	9. 3.1942	22.24– 1.10	7			1
40	11. 4.1942	22.54– 2.26		1		
41	18. 8.1942	0.01– 2.22		1	250	
42	9. 9.1942	20.20–20.58		4		
43	16. 9.1942	22.35– 1.05		310		
	1942 zus.		ca. 110	ca. 320	250	6
44	12. 6.1943	2.00– 2.25	160	1200		52
45	10. 7.1943	0.45– 1.30	30			
46	10.10.1943	15.03–16.20	2200	20000	660	473
47	5.11.1943	13.52–14.08	500	90000	50	42
48	11.11.1943	14.06–14.20	50	1000		11
49	22.12.1943	14.03–14.20	250	5000		2
	1943 zus.		ca. 3200	ca. 117000	ca. 700	580
50	4. 1.1944	10.20–10.25	180	1200	15	5
51	11. 3.1944	9.40– 9.55	200	600		7
52	20. 3.1944	23.30– 1.30	20			
53	23. 3.1944	10.53–11.08	120	200		28
54	24. 3.1944	21.17–21.25	20	80		
55	8. 4.1944	12.30–13.00	15	150		1
56	7. 5.1944	10.06–10.22	340		350	3
57	12. 9.1944	18.30–18.45	800	80000	400	144
58	23. 9.1944	22.45–22.55	110			
59	30. 9.1944	14.35–15.00	2400	78000	550	76
60	5.10.1944	11.40–12.05	100	16000	500	32
61	5.10.1944	20.08–22.10	15			
62	17.10.1944	9.50	6			1
63	18.10.1944	15.20	4			2
64	22.10.1944	14.53–15.07	2400	112000	3300	30
65	25.10.1944	13.40–13.48	50			14
66	26.10.1944	13.56–15.18	200	50		8
67	28.10.1944	14.24–14.44	400	1000	250	10
68	29.10.1944	11.30	4			
69	29.10.1944	15.47	8			
70	30.10.1944	12.57–13.12	250	1200	20	10
71	4.11.1944	10.45	4			1
72	18.11.1944	14.56–15.10	4000	1000		138
73	20.11.1944	11.10–11.20	600			4
74	29.11.1944	12.56	40			
75	29.11.1944	15.10	1	3000		
76	3.12.1944	9.30–10.30	6			
77	5.12.1944	10.18–10.33	600		50	3
78	5.12.1944	15.00				
79	18.12.1944	6.27	16			3
80	18.12.1944	21.37–21.42	4			1
81	23.12.1944	20.55	1			
82	28.12.1944	3.35– 3.45	4			
	1944 zus.		ca. 13000	ca. 295000	ca. 5400	521

Lfd. Nr.	Datum	Zeit	Abgeworfene Bomben* Spreng-	Stab-	Phosp-hor- u. a.** Brandbomben	Tote (beurkundet)
83	22. 1.1945	21.00	1			
84	29. 1.1945	13.04–13.07	100			2
85	2. 2.1945	10.10	10			
86	2. 2.1945	23.14	1			
87	9. 2.1945	23.40	20			1
88	15. 2.1945	14.13–14.18	55			2
89	16. 2.1945	13.43–13.44	50			
90	19. 2.1945	13.52–14.40	2500			5
91	20. 2.1945	23.00	12			
92	7. 3.1945	20.40–20.51	15	10000		6
93	9. 3.1945	9.52–10.14	2300	12000	200	9
94	10. 3.1945	20.42–20.45	600	10000	70	2
95	15. 3.1945	16.01	7			
96	15. 3.1945	20.22–20.26	114	2600		1
97	17. 3.1945	13.42–13.51	2600	6300	1600	5
98	21. 3.1945	9.02–10.35	12			1
99	21. 3.1945	13.08–13.16	2100	3000		17
100	22. 3.1945	17.30–17.50		10000		
101	23. 3.1945	11.15–11.31	3000	15000		23
102	25. 3.1945	10.06–10.22	1800	150000		2
	ungeklärt					16
	1945 zus.		ca. 15000	ca. 219000	ca. 1800	92

* Zählung bzw. Schätzung von Sachverständigen
** Darunter auch Kautschuk-Benzol-Kanister

Zusammenstellung

Jahr	Zahl der Angriffe	Sprengbomben	Stabbrandbomben	Phosphor-Kautschuk-Benzol-Kanister	Tote (beurkundet)
1940	23	190	497	–	8
1941	13	929	10600	–	57
1942	7	110	320	250	6
1943	6	3200	117000	700	580
1944	33	13000	295000	5400	521
1945	20	15000	219000	1800	92
Zus.	102	ca. 32000	ca. 642000	ca. 8100	1264

a) Dazu kommen in auswärtigen Krankenhäusern gestorbene Schwerverletzte (geschätzt) 30
b) getötete Wehrmachtsangehörige, die nicht vom Standesamt Münster beurkundet wurden (geschätzt) 300
Luftkriegsopfer zusammen 1594
c) während der Besetzung getötete Personen (laut Beurkundungen) 50
Gesamtverluste durch Bombenkrieg und Besetzung 1644

Todesopfer bei Luftangriffen und Erdkämpfen in Münster

Die genaue Zahl der Luftkriegsopfer läßt sich in Münster wie auch in den übrigen Städten, die schwerste Luftangriffe über sich ergehen lassen mußten, nicht verläßlich feststellen. Soweit genaue Unterlagen nicht vorlagen, wurden diese Verluste für Münster auf folgende Weise zu ermitteln versucht:

1. Zunächst wurden aus den Sterberegistern des Standesamtes Münster und des Amtes St. Mauritz die dort beurkundeten Todesfälle, die auf Fliegerangriffe zurückzuführen sind, festgestellt. Wenn durch den Bombenkrieg verletzte Personen später an diesen Verletzungen gestorben sind, erscheinen sie, soweit dies möglich war, in der vorstehenden Aufstellung bei den betreffenden Fliegerangriffen mit aufgeführt. Auf diese Weise ergab die Ermittlung bis Ende 1950 insgesamt 1264 Fliegertote.

2. Da während der letzten Kriegsmonate der Großteil der Kliniken und Krankenhäuser in Münster zerstört bzw. nach auswärts verlagert worden war, wurden nach den Großangriffen viele Schwerverletzte in Krankenanstalten außerhalb Münsters geschafft (z. B. Tilbeck, Telgte usw.), wo sie später gestorben und somit auch beurkundet sind. Nur die im Krankenhaus Hiltrup und im Haus Kannen verstorbenen Verletzten bei den Fliegerangriffen auf Münster wurden – wie oben erwähnt – durch Auszüge aus den Sterberegistern des Amtes St. Mauritz erfaßt. Die Zahl der außerhalb Münsters und St. Mauritz beurkundeten Toten kann mit aller Vorsicht auf 30 geschätzt werden.

3. In Münster, der großen Garnisonstadt, sind auch viele Soldaten – insbesondere bei dem Großangriff am 10. Oktober 1943 – durch Bomben zu Tode gekommen. Bis in die zweite Hälfte des Jahres 1944 wurden die Wehrmachtsverluste nur über die Wehrmachtsauskunftsstelle in Berlin beim Standesamt der Heimatgemeinde in

das Sterberegister eingetragen. Sonach wurden bei den Fliegerangriffen in Münster ums Leben gekommene Wehrmachtsangehörige bis Ende August 1944, soweit sie nicht früher hier wohnten, nicht in Münster beurkundet. Sie sind auch nicht in der obigen Zahl der Bombenopfer enthalten. Ihre Zahl wird mit rd. 300 angenommen. Erst ab September 1944 wurden die Todesfälle von Soldaten, die in Münster durch Luftangriffe getötet wurden, auch in Münster beurkundet. Diese sind daher in der Zahl der Toten vorstehender Aufstellung eingeschlossen.

Insgesamt ergibt sich hieraus eine Zahl von 1594 Toten bei den Luftangriffen auf Münster.

4. Außer diesen Luftkriegstoten sind bei den Erdkämpfen, bei der Besetzung, durch Erschießungen bei Hausdurchsuchungen und Plünderungen von Ausländern usw. 50 Personen, darunter 22 Wehrmachtsangehörige, ums Leben gekommen.

Unter Einrechnung der letztangeführten Verluste ergibt sich eine Gesamtzahl von 1644 Toten bei Fliegerangriffen und Erdkämpfen etc. in Münster, darunter sind 1314 namentlich festgestellt und beurkundet.

Die Zahl der namentlich aus den Beurkundungen festgestellten Toten bei den Luftangriffen auf Münster und bei der Besetzung setzt sich wie folgt zusammen:

	männlich	weiblich	zusammen
Münsteraner	478	568	1046
Fremde	125	86	211
Ausländer	54	3	57
Insgesamt	657	657	1314

Kat.-Nr. 140

Die beurkundeten Toten nach Alter und Familienstand

Alter in Jahren	Familienstand ledig	verheiratet	verwitwet	geschieden	unbekannt	zusammen
über 0— 6	32	—	—	—	—	32
über 6—14	48	—	—	—	—	48
über 14—20	129	—	—	—	—	129
über 20—25	75	21	—	—	—	96
über 25—30	40	22	2	1	—	65
über 30—35	36	60	1	1	—	98
über 35—40	56	33	3	2	—	94
über 40—45	33	83	3	2	—	121
über 45—50	25	115	3	—	—	143
über 50—55	16	71	7	2	—	96
über 55—60	21	70	9	2	—	102
über 60	43	135	78	3	—	259
unbekannt	—	—	—	—	31	31
Zusammen	554	610	106	13	31	1314

Die meisten Menschenverluste waren bei folgenden Angriffen zu beklagen:

am 10. 10. 1943 473 Tote (nach den Beurkundungen)
am 12. 9. 1944 144 Tote (nach den Beurkundungen)
am 18. 11. 1944 138 Tote (nach den Beurkundungen)

Dazu kommen noch die jeweils nicht hier beurkundeten Wehrmachtstoten. Die Höhe der Menschenverluste steht meist in keinem Verhältnis zu der Schwere der einzelnen Angriffe, d. i. zu der Masse der abgeworfenen Bomben, da in den letzten Monaten viele Bomben in die schon vorhandenen Trümmerstätten gefallen sind, die Stadt immer mehr durch Evakuierungen entvölkert war und die hier Gebliebenen Schutz in den Bunkern finden konnten, die in den letzten Jahren 1943 und 1944 fertiggestellt wurden.

Bei den 102 Angriffen wurden insgesamt rd. 32 000 Spreng- und 642 000 Stabbrandbomben sowie 8100 Phosphor-Benzol-Bomben bzw. Kanister abgeworfen. Es ist klar, daß die in der vorstehenden Aufstellung angegebenen Zahlen über abgeworfene Bomben in der ersten Zeit zwar genau festgestellt, später jedoch nur noch mit größerer oder kleinerer Wahrscheinlichkeit von der Polizei und dem SHD geschätzt werden konnten. Die Zahlen können daher nur mit dieser Einschränkung wiedergegeben werden.

Zum Schutz der Bevölkerung bei Fliegerangriffen wurden in den Jahren 1942 bis 1944 in Münster 10 Hochbunker geschaffen. Diese Bunker waren für rd. 13 000 Personen vorgesehen, konnten jedoch bei dichter Besetzung beinahe die doppelte Zahl aufnehmen.

Es waren dies folgende Bunker:

	Nutzfläche qm	vorgesehene Personenzahl	Baujahr
1. Gievenbeck	366	400	1942/43
2. Wolbecker Siedlung	349	520	1942/43
3. Lazarettstraße	437	530	1942/43
4. Lotharingerstraße	620	800	1942/43
5. Hansabunker	665	1000	1943/44
6. Kappenberger Damm	510	1000	1943/44
7. Schützenhofbunker	792	1500	1943/44
8. von-Kluck-Straße	1175	2000	1943/44
9. Franziskusbunker	2019	2000	1943/44
10. Emsstraße	1630	3000	1943/44

Ferner hat die Reichsbahn 3 Bunker erstellt und zwar:
1 Bunker vorwiegend für Reisende und
2 Bunker für das Betriebspersonal.

Als weiterer Fliegerschutz waren vorhanden:
58 Rohrdeckungsgräben
59 gemauerte Deckungsgräben
100 öffentliche Luftschutzräume in Gebäuden.

Wie die Erhebungen in fast allen durch Luftangriffe heimgesuchten Städten ergeben haben, waren die unmittelbar nach den Großangriffen in Umlauf befindlichen Gerüchte über die Verlustzahlen meist weit übertrieben. Nicht in böswilliger Absicht, sondern unter dem unmittelbaren Eindruck der grauenhaften Zerstörungen und der langen Reihen von Leichen wurden die Menschenverluste häufig überschätzt.

In einer als Heft 26, Jahrgang 1951 vom Statistischen Landesamt der Hansestadt Hamburg herausgegebenen Schrift »Hamburg in Zahlen« sind folgende Verlustziffern über Luftkriegsopfer in einigen westdeutschen Städten angeführt:

Stadt	Standesamtl. beurk. Tote	Auf 1000 Einwohner 1939	Geschätzte Gesamtzahl	
Hamburg	37 554	22,1	55 000	
Kassel	9 202	43,5	•	
Köln	9 150	11,9	20 000	
Essen	6 803	10,2	•	
München	6 155	7,6	20 000	
Düsseldorf	5 863	10,9	•	einschl. Artill.-Beschuß, ohne Wehrm., Polizei u. ausländische Arbeiter
Nürnberg	5 578	13,3		
Frankfurt	5 559	10,1	•	
Darmstadt	5 455	49,3	•	(ohne Wehrm.-Angehör.)
Hannover	5 133	11,0	•	

Stadt	Standes-amtl. beurk. Tote	Auf 1000 Einwohner 1939	Geschätzte Gesamtzahl
Stuttgart	4 477	9,9	•
Würzburg	4 152	41,0	•
Bremen	3 697	8,3	(ohne Ortsfremde)
Kiel	2 835	10,8	•
Augsburg	1 499	8,3	•
Münster	1 264	9,5	1 594

Die Zerstörungen in Münster

Unmittelbar nach der Besetzung versuchte ein Teil der münsterischen Einwohnerschaft, in der Ruinenstadt ein behelfsmäßiges Unterkommen zu finden. Aber in erschreckender Weise wurde es deutlich, daß der gewaltige Umfang der Zerstörungen vielen Bürgern die Rückkehr auf Jahre hinaus unmöglich machen würde. Nur wenige Städte waren bei der Wiederaufnahme ihrer Bewohner so behindert wie das schwer mitgenommene Münster. Das zeigt auch eine Gegenüberstellung vom Oktober 1946. Zu diesem Zeitpunkt hatte

Münster	61,2 %
Köln	63,6 %
Aachen	68,3 %

seiner Vorkriegsbevölkerung wieder aufgenommen. Diese drei Städte lagen damals infolge Vernichtung des Wohnraumes unter allen Städten der britischen Zone am weitesten hinter ihrer früheren Einwohnerzahl zurück. Schon hieraus geht hervor, daß Münster zu den am meisten zerstörten Großstädten gehört. Zu diesem Ergebnis kommt auch eine eingehende Untersuchung des Statistischen Amtes der Stadt Köln, in welcher durch Heranziehung von vier objektiven Schadensmerkmalen zu einer Einheit ein einwandfreier Schadensindex für die Städte Nordrhein-Westfalens geschaffen wurde. Hiernach weisen die Städte Köln, Aachen und Münster die höchsten Schadensgrade auf.

Die bei den 102 Luftangriffen abgeworfenen rd. 32 000 Sprengbomben, 642 000 Stabbrandbomben und 8000 Kautschuk-Benzol-Brandbomben hatten grausige Arbeit verrichtet. Die Altstadt, die eigentliche »City« innerhalb des Promenadengürtels, mit dem historischen Prinzipalmarkt, den Geschäftsstraßen, Verwaltungsgebäuden, den kirchlichen und profanen Baudenkmälern aus vielen Jahrhunderten, wurde zu fast 90 % zerstört. In diesem Stadtkern, einstmals von rd. 25 000 Menschen bewohnt, hausten 1946 erst wieder 3500 Menschen in den wenigen Wohnungen, in Behelfsbauten und Kellern. In den Stadtbezirken »Hafen« und »Geist« fielen fast 2/3, im Mauritzviertel etwa 50 % und in »Uppenberg« rd. 40 % der Vernichtung anheim. Der Zerstörungsgrad Münsters, gemessen an dem Ausfall von Wohnraum durch Unbewohnbarkeit, kann mit rd. 63 % angenommen werden, wie nachstehende Tabelle zeigt.

Stadtbezirk	Wohnungen 1939 vorhanden	Ende 1945 bewohnt	Ende 1945 unbewohnt	Unbewohnbare Wohnungen 1945 in %
Altstadt	5 593	501	5 092	91,04
Hafen	4 839	1 545	3 294	68,07
Geist	10 391	3 356	7 035	67,70
Mauritz	6 328	3 094	3 234	51,11
Uppenberg	5 834	3 467	2 367	40,57
Gievenbeck	752	627	125	16,62
Zusammen	33 737	12 590	21 147	
Im Durchschnitt				62,68

Von den 12 400 Gebäuden der Stadt wurden ca. 50 % vernichtet (d. i. über 60 % zerstört) bzw. 2/3 mehr als 40 % beschädigt. Unter einem Schadensgrad von 5 % blieben nur 1500 Gebäude.

Von den 33 737 Wohnungen im Jahre 1939 blieben nur 1050 Wohnungen (d. s. 3 %) unversehrt und 21 297 (d. s. beinahe 2/3) wurden zerstört oder schwer beschädigt.

Beschädigungsgrad	Wohnungen	In % der Gesamtwohnungen
Unbeschädigt	1 050	3,1
über 0— 5 %	3 106	9,2
über 5— 15 %	4 370	13,0
über 15— 25 %	2 352	7,0
über 25— 40 %	1 562	4,6
über 40— 60 %	4 723	14,0
über 60—100 %	16 574	49,1
Zusammen	33 737	100,0

Ein unersetzlicher Verlust ist der Stadt durch die Zerstörung eines Großteils der historischen Kirchen und Kapellen und anderer Baudenkmäler entstanden. Von 37 katholischen Kirchen und Kapellen haben 19 schwerste Beschädigungen erlitten; darunter der Dom (Angriffe am 8. 7. 1941, 10. 10. 1943, 30. 9. 1944, 23. und 25. 3. 1945), sowie die St. Lamberti-, Ludgeri-, Überwasser-, Martini-, Clemens- und Petrikirche. Auch von den evangelischen Kirchen und Kapellen waren 3 schwer getroffen worden. Als Trümmerstätten lagen fast alle Adelshöfe und Domkurien, darunter das Meisterwerk Schlauns, der Erbdrostenhof, die bischöfliche Kurie, die Dompropstei, der Merveldter Hof, der Romberger und Schmisinger Hof u. a. m. in Schutt und Asche. Das ehemalige fürstbischöfliche Residenzschloß wurde bis auf die Außenmauern ein Raub der Flammen. Am 28. 10. 1944 fiel das altehrwürdige Rathaus der Zerstörung zum Opfer; sein Schicksal teilten das Stadtweinhaus und fast alle Giebelhäuser und Bogenfronten des Prinzipalmarktes.

Die Stadthalle mit dem herrlichen Konzertsaal, das Stadttheater an der Neubrückenstraße, sowie leider auch das intime Kammerspielhaus am Alten Fischmarkt fielen ebenfalls der Vernichtung anheim; die vier Lichtspielhäuser konnten infolge der Zerstörungen den Betrieb nicht fortsetzen. Von den 25 Volksschulgebäuden wurden 14 zerstört oder schwerstens beschädigt. Die beiden Mittelschulen sanken in Trümmer, ferner sieben von acht Gebäuden der höheren Schulen und die Staatliche Ingenieurschule für Bauwesen.

Schwerste Schäden hat auch die Westfälische Landesuniversität durch die Luftangriffe erlitten. Nur 3 von ihren 39 Gebäuden blieben ohne erheblichen Schaden. 13 wurden vollständig zerstört, der Rest erhielt zum Teil schwere Beschädigungen. Dabei gerieten bei einigen Fakultäten die gesamten Einrichtungen in Verlust. Von den klinischen Anstalten wurden die zahnärztliche Klinik und die Hautklinik vernichtet; auch ein großer Teil der Kinderklinik ging verloren.

Während die anderen Kliniken mehr oder weniger große Beschädigungen erhielten, wurden zwei große Krankenhäuser, nämlich das Clemenshospital und die Raphaelsklinik total zerstört. Das Franziskushospital hatte Teilverluste an Gebäuden. Nur noch 677 aufnahmebereite Krankenbetten waren 1945 von den rund 4000 der Vorkriegszeit übriggeblieben.

Die große Münsterlandhalle war bis auf die Grundmauern in Trümmer gesunken und von den Bahnhofsgebäuden ragten nur noch kahle Mauern zum Himmel. Daß außerdem zahlreiche Zerstörungen an den Geleisen und technischen Einrichtungen eingetreten waren, liegt auf der Hand. Das Städtische Verwaltungsgebäude, die Industrie- und Handelskammer, Handwerkskammer, Hallenbad, Schlachthof, Zoo, sowie fast alle Banken, Sparkassen waren zerstört oder schwerstens beschädigt.

Demgegenüber erlitten die ausgesprochen militärischen Anlagen – wie Generalkommando, Luftgaukommando und die verschiedenen Kasernenbauten – nur geringe Beschädigungen.

Wie bereits dargelegt wurde, hat durch die große Zahl abgeworfener Sprengbomben das Leitungs- und Rohrnetz in der Erde großen Schaden genommen.

In der Wasserhauptrohrleitung mit einer Länge von 231 km zählte man ca. 2400 Rohrbrüche. Etwa 70 % des geförderten Wassers sickerte ungenutzt in das Erdreich. Ein großer Teil der Bevölkerung mußte 1945 aus Wassertransportwagen und aus den noch vorhandenen, häufig nicht einwandfreien Brunnen mit Wasser versorgt werden.

Die Gasversorgung der Stadt war infolge der rd. 2000 Hauptrohrbrüche in der Fernleitung völlig unterbunden. Am 1. 1. 1947 konnten erst 10 % der Häuser wieder mit Gas versorgt werden. Fast die gesamte aus 3000 Lampen bestehende Gasbeleuchtung war vernichtet worden; erst im Oktober 1948 konnte die erste Gasleuchte wieder in Betrieb genommen werden.

Bei der Einstellung der Feindseligkeiten war das Gleichstromnetz unbrauchbar, das Drehstromnetz nur noch an wenigen Stellen betriebsfähig.

Die Eigenerzeugung lag gänzlich still, da im Kraftwerk zwei Turbinen und Kessel zerstört und die dritte und neueste Turbine beschädigt worden war.

Die Gleisanlagen der Straßenbahn erhielten 52 Volltreffer, die Oberleitungen wurden völlig zerstört. Von 52 Motorwagen wurden 21 und von 16 Beiwagen 12 vernichtet; das gleiche Schicksal traf 20 von den insgesamt 23 Autobussen. Auch die restlichen Wagen waren wegen der erlittenen Beschädigungen nicht mehr fahrbereit.

In der Kanalisation stellte man bis Ende 1947 1079 Rohrbrüche fest.

Ein großer Teil der Straßendecke wurde zerstört und zwar:

Fahrbahn	von 968 400 qm ..... 370 400 qm
Bürgersteig	von 572 100 qm ..... 301 000 qm.

Die Hafenanlagen waren im April 1945 völlig unbrauchbar. Jeglicher Verkehr im Hafengebiet war wegen Zerstörung oder schwerster Beschädigung der Kais und Böschungen, der Umschlageanlagen, der Verwaltungsgebäude, Gleisanlagen usw. unmöglich. Von den 7 im Jahre 1939 vorhandenen Kränen waren 3 völlig zerstört, von den 2 Exhaustoren war einer völlig unbrauchbar geworden. Auch ein im Bau befindlicher moderner 10-Tonnen-Kran erlitt das gleiche Schicksal. Von 17 Lagerhäusern waren 5 dem Erdboden gleichgemacht und 10 schwer beschädigt. Von 16 dem Holzumschlag dienenden Hallen wurden 10 zerstört und 6 beschädigt. Infolge Zerstörung der Kanalbrücken war der Verkehr auf dem und über den Dortmund-Ems-Kanal unterbrochen.

Die gesamte, durch die Zerstörungen hervorgerufene Schuttmenge beträgt etwa 2,5 Millionen cbm. Der Schaden, der durch die Vernichtung der Sachwerte entstand, ist ungeheuer – er wird auf 1,2 bis 1,5 Milliarden DM geschätzt –, der Verlust wertvollster Kunstwerke bleibt nicht nur für Münster, sondern auch für die abendländische Kultur unersetzlich.

Augenzeugenberichte

Die Bombenangriffe und ihre Auswirkungen sind im Bericht des Statistischen Amtes der Stadt Münster erfaßt. Im Aufsatz »Bombenangriffe im Zweiten Weltkrieg« wird versucht, den allgemeinen politischen und militärischen Zusammenhang zu skizzieren. Es handelt sich insgesamt um das Bemühen, das Geschehen objektiv darzustellen. Diejenigen, die damals die Bombenangriffe erlebten und erlitten, erfuhren sie jedoch nicht in diesem Sinne objektiv, sondern persönlich, subjektiv. Die Darstellung wäre unvollkommen, wenn nicht verschiedene Augenzeugen zu Wort kämen. Ihre Berichte erst füllen die Statistik mit Leben und lassen den Menschen der Gegenwart das Grauen des Krieges ahnen.

Es wurde versucht, ein breites Spektrum an Äußerungen vorzulegen; die darin enthaltenen Urteile und Wertungen stehen unter dem Eindruck des unmittelbar Erlebten und erheben keinen Anspruch auf Allgemeingültigkeit. Am Anfang stehen Äußerungen zum 10. Oktober 1943. Sie ergänzen sich und geben insgesamt eine eindringliche Vorstellung von den Vorgängen in der Stadt und im Luftraum darüber.

Blick durch die romanischen Fenster des nördlichen Domturmes auf die Kreuzkirche.
Franz Eichler, 1949

Target: Munster Cathedral

Ziel: der Dom

Ellis B. Scripture, der Navigator der 95. US-Bomber-Gruppe, die am 10. Oktober 1943 Münster angriff, erinnert sich:

I was Group Navigator of the 95th at the time of the Munster mission ... Our group had been »stood down« on the evening of October 9th – a Saturday night bash was in full swing when we were alerted about 10:00 p. m. As always, the clubs were closed immediately and the staff (...) immediately went to the warroom. The field order was coming in on the teletype and we learned that our target was to be the front steps of Munster Cathedral ... I remember being shocked to learn that we were to bomb civilians as our primary target for the first time in the war. I went to Col. Gerhart and told him that I didn't think I could fly this one. His reaction was exactly what one would expect (in retrospect) – as a career officer (and a very fine Commander). He said something like this: »Look, Major, this is war – spelled W-A-R. We're in an all-out fight; the Germans have been killing innocent people all over Europe for years. We're here to beat the hell out of them – and we're going to do it. Now, I'm leading this mission – and you're my navigator. You're leading the mission also! Any questions?« I said, »No, Sir.« – and that ended the incident.

Zur Zeit des Angriffes auf Münster war ich Navigator der 95. Bombergruppe ... Am Abend des 9. Oktober hatte unsere Gruppe »dienstfrei« gehabt. Eine »Samstagabend-Party« war in vollem Gange, als wir gegen 22.00 Uhr alarmiert wurden. Wie üblich wurden die Clubs sofort geschlossen und die Besatzung (...) begab sich unverzüglich zur Einsatzstelle. Der Einsatzbefehl kam per Fernschreiber. Wir erfuhren, daß unser Ziel der Westeingang des Domes zu Münster sein sollte ... Ich erinnere mich, daß ich bestürzt war, als ich erfuhr, daß zum ersten Mal im Krieg Zivilisten das Ziel unseres Bombenangriffes sein sollten. Ich ging zu Colonel Gerhart und sagte ihm, daß ich diesen Einsatz nicht fliegen könne. Seine Reaktion war genau die, die – im Nachhinein betrachtet – von einem Berufsoffizier – und sehr guten Kommandeur – zu erwarten war. Er sagte etwa folgendes: »Sehen Sie, Major, es ist Krieg, in Buchstaben: K – R – I – E – G. Wir befinden uns in einem Kampf auf Leben und Tod. Die Deutschen haben in ganz Europa jahrelang Unschuldige getötet. Wir sind hier, um ihnen den Garaus zu machen, und genau das werden wir jetzt tun. Also, ich leite diesen Einsatz und Sie sind mein Navigator. Auch Sie leiten den Einsatz. Sonst noch Fragen?« Ich verneinte, und damit war der Vorfall erledigt.

I recall nothing unusual about the briefing, take-off and rendezvous. Our flight path was also rather normal – weaving around known flak concentrations over Holland. The Wing held together nicely and we were secure in the knowledge that our fighter escort would be able to go with us to a point beyond the Dutch border. The breakaway by our »little friends« was cheery as they bid us »good day – and have a nice flight – we'll pick you up on the way home«.

Ich erinnere mich an keine außergewöhnlichen Einzelheiten während der Einweisung, des Starts und des Rendezvous. Unsere Flugroute war weitgehend normal – wir wichen den bekannten Flakstellungen über Holland aus. Der Verband blieb gut beisammen und wir fühlten uns sicher, da wir die Gewißheit hatten, daß unser Jagdschutz in der Lage war, uns bis hinter die holländische Grenze zu begleiten. Die Trennung von unseren »kleinen Freunden« war fröhlich, sie funkten uns »guten Tag«, »einen schönen Flug« und »wir werden euch auf dem Heimweg wieder abholen«.

It was a good day for flying. Clear, with unlimited visibility and easy pilotage navigation. The full impact of the fighter population became apparent relatively soon

Es war ein guter Flugtag, klar, mit unbegrenzter Sichtweite, die Flugnavigation war leicht. Der Kampfwert unserer Jägerverbände wurde bald deutlich, als die Jäger

after the fighter escort headed, back to base. We saw the gaggles of enemy grouping for frontal attacks. The first attacks came at the 100th Group. Dewey Johnson (bombardier) and I were busy getting to the target and got in quite a few shots – but we heard many reports over intercom regarding 100th bombers being hit. We could also tune in on the command frequency and hear their chatter among themselves and to Col. Gerhart as the fight continued.

We made all navigation check points on plan and Dewey scored a perfect hit on his target in spite of intense fighter resistance over the I.P.-Target area. This was the greatest concentration of German fighters we had seen to date. They seemed to lose the classical attack patterns and become a jumbled mess over and just beyond the target. Everybody was shooting and tracers filled the sky. It was like shooting fish in a tank when the slow twin-engine night fighters became entangled in the bomber formations. I got credit for one fighter as we turned away from target. It was a JU-88 (I think, or perhaps a ME 210), flying ever so slowly – as if he were trying to outrun us. At the time I felt we had to clear him out of the way or run over him! Frankly, I did not experience a particular thrill over the situation – at the time or later. As one who had grown up on stories of fair fights – in western novels and stories of World War I dog fights, I could take no particular pleasure in shooting down a guy who was trying to run away; even though he came in shooting and was probably shooting at another B-17 at the time.

I cannot remember the number of fighters estimated for that battle, but it numbered in the hundreds. However, we got there, on time, on target, and did the job assigned. Dewey Johnson was awarded the British DFC and was decorated by King George VI at Buckingham Palace a few days after the raid.

One memory stands out on this and other difficult missions. The calm way young men reacted to danger

zu ihrem Stützpunkt zurückgeflogen waren. Nun sahen wir, wie sich Pulks des Gegners zum Frontalangriff formierten. Ihr erster Angriff galt der 100. Bombergruppe. Dewey Johnson (Bombenschütze) und ich setzten alle Mühe daran, unser Ziel[1] zu erreichen. Wir bekamen ziemlich viele Schüsse ab, aber über Funk hörten wir viele Meldungen, aus denen hervorging, daß die Bomber der 100. Gruppe schwere Treffer erhalten hatten. Wir konnten auch die Kommandofrequenz empfangen und die Funksprüche zwischen ihnen und Colonel Gerhart mithören, als der Kampf weiterging.

Wir flogen unsere vorgezeichnete Route und Dewey landete einen perfekten Treffer auf sein Ziel[1], trotz der starken Jägerabwehr im Zielgebiet. Es war die größte Konzentration deutscher Jäger, die wir bis dahin gesehen hatten. Es schien, daß sie die klassischen Angriffsformationen nicht durchhalten konnten und einen wilden Schwarm über und unmittelbar hinter dem Zielgebiet bildeten. Jeder feuerte, und Leuchtspurgeschosse füllten den Himmel. Es glich dem Fischschießen in einem Bassin, als sich die langsamen, zweimotorigen Nachtjäger in unseren Bomberformationen verfingen. Als wir von dem Ziel abdrehten, bekam ich den Abschuß eines Jägers anerkannt. Es war eine Ju 88 (glaube ich, vielleicht auch eine Me 210), sie flog so ungewöhnlich langsam, als ob sie versuchte, uns nahe zu kommen und uns dadurch zu erschrecken. Ich dachte, wir müßten sie abschießen oder über sie hinwegfliegen. Offen gesagt, ich fühlte keine besondere Erregung in dieser Situation, damals nicht und auch später nicht. Als einer, dem von Kindheit an nur der faire Kampf bekannt war – aus Wildwestromanen und Geschichten über die Nahkämpfe des ersten Weltkrieges – konnte ich kein besonderes Vergnügen daran empfinden, einen flüchtenden Burschen abzuschießen, obgleich er anfing zu feuern und wahrscheinlich gleichzeitig auf eine andere B-17 schoß.

Ich kann mich nicht erinnern, wie hoch die Zahl der in diesem Kampf eingesetzten Jäger geschätzt wurde, aber sie ging in die Hunderte. Dennoch erreichten wir zur rechten Zeit das Ziel und führten die befohlenen Aufträge aus. Dewey Johnson wurde das Britische D. F. C.[2] verliehen und er wurde von König George VI. wenige Tage nach dem Angriff im Buckingham Palace ausgezeichnet.

Ein Eindruck aus diesem und ähnlich schwierigen Feindflügen ist besonders nachhaltig. Die Ruhe, mit der

and especially air battles with German fighters stands out as a tribute to the men of the 8th Air Force. On this mission, calm prevailed in all situations. When planes were going down, we heard pilots say such things as: »We're hit badly – we're going down – we'll be okay – carry on – we'll see you later.« No panic, no rapid talk – men doing a difficult job well. On the way home, the remnants of the 390th and the single survivor plane from the 100th gathered around us and we heard one statement from the group leader of the 390th. Speaking to Col. Gerhart, he said, »Thanks, it was a good show with a great lead.«

die jungen Männer auf Gefahr reagierten und die sie vor allem in Luftkämpfen mit deutschen Jägern behielten, ist in hohem Maß bewunderungswürdig an den Männern der 8. Air Force. Bei diesem Einsatz herrschte Ruhe in allen Situationen. Wir hörten, wie die Piloten abstürzender Flugzeuge etwa folgendes sagten: »Sind schwer getroffen worden – gehen jetzt runter – macht weiter – wir sehen uns später.« Keine Panik, kein hastiges Sprechen – das waren Männer, die ihre Aufgabe gut erfüllten. Auf dem Heimweg sammelte sich der Rest der 390. und der einzige übriggebliebene Bomber der 100. Bombergruppe um uns. Wir hörten, wie der Führer der 390. Gruppe zu Colonel Gerhart sagte: »Vielen Dank! Das haben wir unter einer großartigen Führung gut hingekriegt.«

Redaktionelle Anmerkungen:
1 Das hier und im folgenden mehrfach erwähnte Ziel ist – laut Einsatzbefehl – der Westeingang des Domes zu Münster.
2 D. F. C. = Distinguished Flying Cross, eine besondere Auszeichnung für Kampfflieger.

US-Bomber im Luftkampf

Ein amerikanischer Bomberpilot über den 10. Oktober 1943 (Übersetzung):

Das Ziel der 8. Bomberflotte war Münster, und 236 »Fliegende Festungen« vom Typ B-17 flogen an diesem hellen Sonntag am klaren blauen Himmel hoch über den Niederlanden, um zum 3. Tag nacheinander einen Angriff zu fliegen.

Die 117 Bomber der 1. Division und die 119 B-17 der 3. Division flogen auf direktem Kurs, um während des ganzen Weges sicheren Jagdschutz zu haben. Unmittelbar nach dem Rückflug des Begleitschutzes sollte ein neuer Schutz von Thunderbolt-Jägern sie ablösen. Diese sollten auf direktem Kurs den Treffpunkt ansteuern.

Und hier lief die Sache schief, weil den Thunderbolt-Jägern der 56. Jagdfliegergruppe ein kleiner Navigationsfehler unterlief und sie deshalb verspätet zu den Bombern stießen. Wie immer nutzten die Deutschen schnell diese Situation aus, auf die sie tatsächlich warteten.

Die führende 13. Formation setzte sich zusammen aus der 95., 390. und der 100. Bombergruppe, wobei sie die Spitze der Formation bildete und auch die obere und untere Flugebene. Vielleicht hatten die Männer schon Schwierigkeiten erwartet. Sicherlich aber hatten sie nicht das Ausmaß des Unheils erwartet, das auf sie wartete, wenigstens nicht, bis sie 200 kleine Punkte ausmachten, die schnell an Größe gewannen und auf die Bomber zurasten.

Um 14.53 Uhr, ungefähr 9 Minuten von Münster entfernt, begannen die meisten deutschen Jäger ihren Angriff, wobei sie sich auf die anführende Formation konzentrierten, und ihr erstes Opfer war die unglückliche 100. Bombergruppe, die in einer Höhe von 23 000 Fuß die untere Flugebene des Verbandes einnahm.

Die Focke-Wulf-Jäger kamen bis auf 50–70 Yards (45–68 Meter) heran, ehe sie abdrehten. Der Führungsbomber wurde von einer Rakete getroffen und geriet in Brand. Als er abdrehte, folgten ihm 5 Bomber und teilten damit die Gruppe in zwei Hälften. Innerhalb von zwei Minuten also war die Gruppe aufgeplittert worden. Bomberflugzeuge versuchten den »Fliegenden Festungen« auszuweichen, die heruntertrudelten, und innerhalb von 7 Minuten war der Verband vollständig verstreut, wobei die meisten Bomber abstürzten. Dann richteten die Deutschen ihren Angriff gegen die 390. Bombergruppe.

FW-190, Me-109, Ju-88, Me-110 und Me-210 flogen parallel zu den Bombern außerhalb deren Reichweite, in Verbänden von 20 bis 40, wobei sie staffelweise flogen. Plötzlich lösten sie sich einzeln oder paarweise in rascher Folge aus dem Verband.

»Die Deutschen standen bei uns Schlange. Man brauchte nicht zu zielen, nur das Geschütz aus dem Fenster halten und den Abzug ziehen.« – Kommentar von Captain R. D. B. Pilot der »Fliegenden Festung« »Cabin in the Sky« der 390. Bombergruppe, nach dem Einsatz.

Über Gronau schossen 2-motorige Ju-88 von hinten Raketen in die 390. Gruppe. Eine »Fliegende Festung« explodierte, eine weitere bekam einen Treffer mittschiffs und zerbrach in zwei Teile. Teile des Flugzeuges schlugen in eine andere B-17 und auch diese stürzte ab. Insgesamt verlor diese Gruppe 8 Bomber. Andere deutsche Formationen befaßten sich des weiteren mit den Resten der 100. Gruppe. Selbst deutsche Bomber des Typs Do-217 und Do-215 flogen parallel zu den Bombern, während sie aus 1000 bis 1500 Yards Entfernung mit Raketen schossen.

Über dem Ziel trafen wir schwere Flak an. Trotz der starken Bedrängnis hielt die 95. Gruppe gut ihre Formation und entlud die Bomben über dem Zielgebiet. Auf dem Rückweg vom Ziel wurden die »Fliegenden Festungen« erneut ständigen Angriffen der Luftwaffe ausgesetzt, und die gesamte führende Formation war von der Vernichtung bedroht. Durch die Ankunft der Thunderbolts um 15.30 Uhr wurde jedoch eine totale Katastrophe verhindert; bis dahin waren 12 der 13 »Fliegenden Festungen« der 100. Gruppe vom Himmel geholt worden. Der einzige Überlebende kämpfte sich mit nur 2 intakten Motoren und 2 schwerverwundeten Schützen an Bord nach Hause. Diese »Fliegende Festung«, »Royal Flush«, ... war in der Tat der einzige Bomber der Gruppe, der das Ziel erreichte. Die 95. Bombergruppe verlor 5 »Fliegende Festungen« von 19, die an dem Einsatz teilgenommen hatten.

Insgesamt wurden 29 »Fliegende Festungen« der 3. Division vernichtet, während die 1. Division einen Bomber verlor.

Die deutschen Verluste bestanden aus 22 abgeschossenen und 5 beschädigten Kampfflugzeugen.

Deutsche Jäger im Luftkampf

Der deutsche Jagdflieger Gerd Wiegand berichtet über seinen Einsatz am 10. Oktober 1943 über Münster:

Am 10. 10. sammelten sich „dicke Ottos“ – so nannten wir die 4-motorigen Bomber – in aller Frühe im Raume London. Nach einem nervösen Frühstück ging es mit 4 Maschinen zum Rendevouz nach Deelen zur anschließenden »Reichsverteidigung«. Jagdflieger waren wir aus Leidenschaft. Der Kampf Mann gegen Mann faszinierte damals unsere Knabenseelen . . .

Die Focke-Wulf hatte vier 2-cm-Schnellfeuerkanonen und zwei überschwere MGs, mit denen sie höchstens aus 200 m Entfernung schießen und treffen konnte.

Jede B 17 jedoch hatte 12 überschwere MGs und konnte schon auf 600 m Entfernung schießen und treffen. Beim Angriff auf geschlossene Verbände durften wir also mit gleichzeitigem Abwehrfeuer von drei bis sechs Flying Fortress, d. h. aus 36 bis 72 Rohren pro Angriff rechnen! – Wer mochte das schon.

Nach dem Absolvieren der üblichen Latrinenschlange und solch nervenberuhigender Schlager wie »Sing Nachtigall, sing« oder »Ich weiß, es wird einmal ein Wunder geschehen«, kam endlich um 14.20 Uhr der Startbefehl für die I/26.

Waren wir 8 oder 10 Maschinen – ich weiß es nicht mehr.

Sicher ist, ich flog meine »10« mit neuem Motor. – Wir hängten uns südlich Münster in 9000 Meter in die Sonne und sahen drei Pulks B 17 tiefer auf uns zukommen. Ob Jagdschutz dabei war, wußten wir nicht.

Wir hatten kaum Sichtkontakt, als die Pulks 90° nach links einkurvten, was Angriff auf Münster bedeutete.

Um von vorn angreifen zu können, mußten wir jetzt die Pulks von Süden überholen, was mir endlos lang erschien. Ich sehe noch heute das Bild der noch intakten Stadt, des Bahnhofes und des Wasserturmes vor mir, in der in den nächsten Minuten das Inferno losbrechen sollte. Ich war jetzt wütend und endlich weit genug vorgekommen, um mit den anderen links einzukurven, dem 1. Pulk von vorne entgegen. Ich kam etwas kurz, d. h. nicht genau von vorne, jedoch gut auf gleicher Höhe. Revi-Vorhaltewinkel paßte. – Auf alle Knöpfe drücken und schießend durch den 1. Pulk mehrmals auf Rammnähe rasen, war Sekundensache. Dann Wegdrükken und im Sturz die Augen nach hinten, wegen des erwarteten Jagdschutzes. – Was für ein Bild über mir. Der Himmel voller B 17 mit offenen Bombenschächten, aus denen in diesem Moment ein wahrer Bombenregen herausperlte. – Eine B 17 brannte, eine andere zeichnete schwarz. Kein Jagdschutz zu sehen, also auf Höhe gehen zum nächsten Angriff. – Fallschirme unter mir, Flakwolken über wir. Beim Hochziehen gesellt sich eine andere FW 190 zu mir. Ich drossele den Motor und wackle. Sie kommt näher und hängt sich an mich; es war Uffz. Rössner von meiner Staffel.

Wir stiegen jetzt links neben dem Bomberpulk her. Ich wollte ihn überholen und von vorne angreifen, doch da machten die Pulks unerwartet eine Linkskurve – jetzt ging nur noch ein Angriff von hinten. – Also Rechtskurve und von hinten heran! Jetzt erst sah ich die ganze gegnerische Armada vor mir mit ihrer Tarnbemalung, ihren großen weißen Sternen und den glitzernden MG-Kanzeln.

Ich wollte meine Höhe der des hinteren Pulks anpassen. Das machte Schwierigkeiten, weil der Pulk in sich höhengestaffelt flog. So kam ich zu hoch an den rechten hinteren fliegenden Bomber und war im Begriff, das ganze Abwehrfeuer des Pulks auf mich zu ziehen. – Rössner flog sauber links hinter mir.

Also runter auf gleiche Höhe der links hinten fliegenden B 17. In gleicher Höhe können die seitlichen oberen und unteren MG-Stände des Bombers am schlechtesten zielen, wollen sie nicht ihr eigenes Leitwerk abschießen.

Im Nu war ich hinter dem Linksaußen, selbst noch in der Kurve liegend, erst rechts, dann rüberschwingend links hinter ihm. Er und die Nachbarmaschinen spuckten mir aus allen Rohren violette Fäden entgegen. Endlich hatte ich ihn im Fadenkreuz. – Noch mehr Vollgas und dichter ran – ich zielte auf seine linke Flächenspitze, dann müßte ich die Motoren treffen. Jetzt donnerten meine vier 2-cm-Kanonen und zwei MGs los – genau in die linken Motoren – große Brocken wirbelten auf, ein Motor brach heraus. Ich mußte das Gas herausnehmen, um hinter der B 17 zu bleiben. – Gerade, als ich genau hinter ihm war, kam etwas braunes auf mich zugeflogen und huschte über mein Kabinendach hinweg. Es war ein Mensch! Mir lief ein Schauer über den Rücken.

Inzwischen waren die waidwunde B 17 und ich hinter dem übrigen Pulk zurückgeblieben. Was nun? Sie flog noch immer.

Einen Moment war ich unentschlossen, was nun zu tun sei. Ein Blick nach hinten zeigte, daß Rössner noch dran war und hinter uns keine Jäger zu sehen waren. Also noch einen Angriff, diesmal von rechts hinten sauber auf die Motoren gezielt – und genau getroffen. Wieder flogen die Fetzen und diesmal aus der rechten Tragfläche. Ich mußte wegdrücken, um unter den wegfliegenden Trümmern zu bleiben. – Wieder Augen nach hinten, da jeden Moment Begleitschgutzjäger auftauchen konnten. – Meine Boeing zeigte jetzt auch aus der rechten Tragfläche eine breite weiße Fahne. Ich hatte also die Tanks getroffen. – Unter mir Fallschirme. Da endlich, der waidwunde Riese legte sich langsam auf die rechte Seite und ging in eine rechte Steilkurve über, dann Sturzflug und plötzliches Abfangen mit überzogenem Steigen.

Ich überlegte – sollte ich jetzt gefühlsgemäß ablassen und die Bomberpulks erneut angreifen – sie waren kaum noch zu sehen. Ich hatte noch 20 Minuten Flugzeit und kaum mehr Munition, und schließlich wollte ich einmal einen Abschuß mit genauem Aufschlag melden. Meine letzte B 17 war mitsamt Bomben in 6000 m in der Luft explodiert, ich selbst von ihr getroffen und abgesprungen – aber der Abschuß wurde mir nicht zuerkannt – man fand keine Absturzstelle. Diesmal wollte ich es genau wissen.

Eigentlich hätte die ganze Besatzung abspringen können. Vielleicht waren es die Fallschirme vorhin?

Erst jetzt nahm ich mir Zeit, den abstürzenden Riesen im Auge zu behalten. Er hing über mir in einem restlos überzogenen Flugzustand, die Nase etwa 45° zur Sonne gerichtet. Er schien in der Luft zu stehen. Dann kippte er plötzlich nach vorne über, ging in den Sturzflug und raste fast senkrecht an mir vorbei in die Tiefe. – Noch waren wir 5000 Meter hoch.

Ich drosselte meinen Motor, Rössner kam näher und wir flogen eine große Rechtsbiege abwärts, währenddessen der Bomber abgefangen hatte und wieder zu mir hoch kam. Bald stand er wie ein Drachen neben mir. Diesmal konnte ich ihn von seiner Oberseite betrachten. Jetzt fehlten ihm zwei Motoren. Die MGs ragten starr aus den Kanzeln. Aus der linken Tragfläche züngelte eine kleine Flamme und hinterließ eine schwarze Rauchspur. Die rechte Tragfläche zeigte eine weiße Bezinfahne. Beide Spuren – schwarz und weiß – zeichneten sich am Himmel oder unter mir über der Erde ab. – Je nach dem Höhenunterschied zu mir. Solche Bilder vergißt man nicht.

Jetzt mußte ich kräftig drücken, um ihn nicht aus dem Auge zu verlieren. Mein Motor fing an zu knallen, er war unterkühlt. Noch drei Mal bäumte sich die B 17 auf. Inzwischen waren wir nur noch 2000 m hoch. Ich mußte Abstand halten, um nicht noch von dem unberechenbar Fliegenden gerammt zu werden. Endlich aus 300 m kippte der waidwunde Vogel letztmalig vornüber und rannte in eine Waldlichtung. Flugzeug- und Baumteile wirbelten durch die Luft, dann eine grelle Explosion – schwarzer Ball – dann ein Rauchpilz – das war das Ende.

Nun hatte ich meinen Aufschlag, aber wo war der zugehörige Ort. Da war eine Straße, unweit eine Bahn, dann ein Kanal? Wir mußten nochmal auf 1000 Meter steigen, bis ich die Absturzstelle einwandfrei orten konnte. Es war nahe bei Saerbeck.

Fünf Minuten später landeten wir in Münster-Handorf. Über der Stadt stand eine riesige schwarze Wolke. ... Es gab keine militärischen Ziele. Die Bevölkerung hatte 670 Tote. – Menschen! Welch ein Wahnsinn.

Redaktionelle Anmerkung:
Die USAAF verlor bei diesem Angriff 30 Bomber und 2 Jagdflugzeuge, die deutsche Luftwaffe 22 Jäger.
(nach W. Beer, Im Inferno des Bombenkrieges, Münster 1983)

Dom und bischöfliches Palais zerstört – Der Bischof lebt

Prof. Dr. Alois Schröer schreibt über die Zerstörung des Domes und das Schicksal des Bischofs Clemens August Graf von Galen am 10. 10. 1943:

Ein schwarzer Tag

Der 10. Oktober 1943 war ein schöner, sonniger Herbsttag. Die Domkirche mit ihren kupfergrünen Turmdächern und dem majestätischen Langbau bot in der milden Herbstsonne ein Bild feierlicher Sonntagsruhe. Einige Besucher schritten langsam durch die weiten Hallen des Domes, um die architektonische Freiheit des Raumes und die Fülle der Kunstwerke auf sich wirken zu lassen. Die Bänke füllten sich nach und nach mit Betern, die der Vesper vom Fest der Mutterschaft Mariens beiwohnen wollten. Auf dem Chor traf der Domküster die letzten Vorbereitungen. Er zündete die Kerzen des Hochaltars an und ging in die Sakristei zurück, wo er Domkapitular Francken, der in Stellvertretung des verhinderten Dompropstes die Feier der Vesper vornehmen wollte, das Pluviale umlegte. Die Domkapitulare Emmerich, Krapp und Bierbaum, sowie die Domvikare Lilie, Leiwering und Albers standen gerade im Begriff, ihre Plätze im Chorgestühl aufzusuchen, als die feierliche Stille durch den eindringlichen Ton der Alarmsirene zerrissen wurde. Die Uhr zeigte 14.55 an. Ohne zu ahnen, welche furchtbare Katastrophe sich durch den gemeldeten Vollalarm als kurz bevorstehend ankündigte, verließen die Besucher das Gotteshaus, um sich in Deckung zu begeben. Die Domkleriker legten ihre Paramente ab und begaben sich größtenteils nach Hause. Domkapitular Emmerich verweilte noch längere Zeit betend in der letzten Bank des nördlichen Seitenschiffes.

Etwa zehn Minuten später wurde aus südwestlicher Richtung das dumpfe, grollende Motorengeräusch nahender Bomberverbände vernehmbar. Da die Lage bedrohlich erschien, begaben sich die letzten Besucher zum nördlichen Domturm, wo der Domküster die Türen zur Turmtreppe und zur Taufkapelle, die als Schatzkammer ausgebaut war, aufschloß. Fast gleichzeitig erdröhnten die ersten Salven der schweren Flak. Sie waren das Signal zu dem furchtbarsten Unglück, das je über die Bischofsstadt hereinbrach. Deckung suchend, begaben sich die Domvikare Lilie und Leiwering mit mehreren Verwandten und Hausangestellten sowie einigen Nachbarn zum Nordturm. Der Domküster Gerhard und der Domwächter Winter flüchteten schnellstens in die Schatzkammer. Domvikar Leiwering hatte die Turmtreppe noch nicht betreten, als für den Bruchteil einer Sekunde das Heulen niedergehender Bomben vernehmbar war. Dann folgten furchtbare Detonationen, die Fundamente der Domkirche bebten, Mauern und Pfeiler wankten, und während der Domvikar hinter sich die Tür zuzog, stürzte das Gewölbe der westlichen Vierung mit ohrenbetäubendem Krachen in die Tiefe. Die schwere Eisentür der Schatzkammer wurde von einem Bombensplitter durchschlagen und durch den ungeheuren Luftdruck aus den Angeln gehoben. Einige Sekunden später – die Insassen der Turmtreppe mochten zwei, drei Stufen hinaufgestiegen sein – ging ein zweiter Volltreffer auf den Nordarm des westlichen Querschiffes nieder und zerschmetterte auch dieses Gewölbe. Undurchdringlicher Staub wirbelte auf und drohte die Insassen der Turmtreppe und der Schatzkammer zu ersticken. Die in die Turmtreppe Geflüchteten schoben sich unterdessen langsam nach oben an dem kleinen westlichen Turmfenster vorbei und sahen, daß der Bischöfliche Hof bereits brannte. Im Bewußtsein der tödlichen Gefahr erteilte Domvikar Leiwering den Anwesenden die Generalabsolution. Noch hatten sie die obere Kapelle des Domturmes nicht erreicht, als eine dritte Bombe den Nordturm traf und das jahrhundertealte Bauwerk in allen Fugen krachen ließ.

Kurz bevor die erste Bombe die westliche Vierung traf, flüchteten auch die Frau des Domküsters und deren 16jähriger Sohn, der Luftwaffenhelfer Antonius Gerhard, aus ihrer bereits schwer mitgenommenen Wohnung zur

Schatzkammer des Domes. Gleichzeitig mit den beiden eilten auch drei Soldaten in den Dom, von denen zwei soeben schwer verwundet worden waren. Mutter und Sohn gelangten bis zur letzten Bank im nördlichen Seitenschiff, als die ersten Bomben einschlugen. Obgleich beide unwillkürlich unter der großen Bank Deckung nahmen, wurde Antonius Gerhard durch herabstürzendes Gestein und namentlich durch einen Bombensplitter am Kopf schwer verwundet. Die Mutter, die fast unversehrt blieb, aber durch den Luftdruck für den Augenblick wie betäubt war, nahm sich ihres Sohnes an, der regungslos dalag und rief ihren Mann zu Hilfe. Der Domküster kam hinzu und bat laut rufend um geistlichen Beistand. Domvikar Leiwering, der unterdessen mit den übrigen bis zur oberen Kapelle hinaufgestiegen war, hörte die Hilferufe und schickte sich sogleich an, nach unten zu gehen. Da die Treppentür des Nordturmes durch einen Berg von Schutt und Trümmern versperrt war, begab er sich über die Galerie des Alten Chores zum Südturm und von dort nach unten. Er betete kurz mit den Eltern und erteilte dem blutüberströmten jungen Menschen, der einige Tage später starb, die Generalabsolution. Darauf suchten die drei vor einer neu anfliegenden Bomberwelle wieder im Domturm bzw. in der Schatzkammer Schutz.

Greuel der Verwüstung

Als nach 20 qualvollen Minuten der Angriff zu Ende ging, erschien sogleich Bischof Clemens August im Dom. Seinen Augen bot sich ein trauriges Bild. Durch das seiner Gewölbedecke beraubte nördliche Feld des westlichen Querschiffes sah man den helmlosen, zerfetzten Nordturm der Kathedrale. Aufsteigender Rauch zeigte an, daß der Turm im Inneren brannte. Auch das Gewölbe der anschließenden westlichen Vierung war eingestürzt. Der trennende Gurtbogen stand zwar noch, ließ aber höchste Einsturzgefahr erkennen.

Die erste Bombe hatte die westliche Vierung getroffen. Sie war offenbar bei der ersten Berührung mit dem Dach explodiert. Die Bombe hatte das Gewölbe der Vierung zerrissen und im Dominnern furchtbare Zerstörungen – u. a. an dem bronzenen Taufbecken, der Domkanzel, der Pietà, dem Portal des Westwerkes, den Bänken des Mittelschiffs und des Alten Chores – angerichtet. Sprengstücke waren bis auf das Hochchor geschleudert worden, wo sie an den Säulen und namentlich an einer Evangelisten-Figur aus dem 13. Jh. erheblichen Schaden verursacht hatten.

Die zweite Bombe war in das nördliche Querschiff-Feld eingeschlagen. Glücklicherweise hatte sie das Gewölbe nicht unmittelbar getroffen, sondern die nordöstliche Ecke desselben, wo sie auf der starken Außenmauer aufschlug und krepierte. Daher konnte sich die Explosivkraft des Sprengkörpers – offenbar handelte es sich um die damals vorwiegend verwendeten Fünf-Zenter-Bomben – ebenfalls nicht mit voller Wucht im Dominneren auswirken. Diesem glücklichen Umstand ist es zuzuschreiben, daß die in die Turmtreppe und Schatzkammer Geflüchteten ohne Schaden davonkamen, und daß namentlich die Frau des Domküsters dem sonst sicheren Tode entging.

Der dritte Volltreffer war auf der Ostmauer des Nordturmes explodiert. Er hatte das Kupferdach vernichtet, riesige Steinblöcke aus der Ost- und Nordmauer gerissen und diese großenteils in das westliche Querschiff geschleudert. Die übrigen Mauern des Nordturmes waren stark aus dem Lot gedrängt. Die beiden Gewölbe im Turminnern dagegen hatten standgehalten.

Durch Rauch und Staub hindurch wurden nun auch die schweren Wunden sichtbar, die die Altäre, Standbilder, Epitaphien, Wandreliefs und sonstigen Einrichtungen der Domkirche namentlich in ihrem Westteil infolge der Sprengwirkung empfangen hatten. Die Gesteinsmassen der Gewölbe, Mauerblöcke und Balken türmten sich zu Bergen und sperrten den Weg. Das Wort vom Greuel der Verwüstung an heiliger Stätte hatte hier eine erschütternde Erfüllung gefunden.

Kurz nach dem Angriff trafen auch Domvikar Holling und die Brüder Willeke ein, um sich an den Löscharbeiten im Dachstuhl des Alten Chores zu beteiligen. Mit Hilfe von Minimax-Geräten und dem in beiden Türmen bereitgehaltenen Wasser gelang es ihnen nach etwa eineinhalbstündigem Bemühen, die Flammen bis auf einen kleinen schwelenden Herd in der Nähe des Südturmes, der wegen hochgeschichteter Trümmer nicht zu erreichen war, zu löschen. Domvikar Leiwering setzte die Luftschutzpolizei von der Gefahr in Kenntnis, die dem Dom drohte, fand aber kein Gehör, da man vorerst mit den offenen Bränden am Michaelisplatz und Roggenmarkt vollauf zu tun habe.

Die nähere Umgebung der Kathedrale, namentlich der Horsteberg mit seinen unvergleichlichen Altmünster-Motiven, bot ein Bild des Grauens. Von der alten Romantik war nichts geblieben. Die Häuser der Domkleriker und Domangestellten waren teils in Trümmer gelegt, teils drohten sie ein Raub des Feuers zu werden. In wilder Hast suchten die Bewohner den armseligen Rest ihrer Habe zu retten. Möbel, Betten, Wäsche und viele andere Dinge wurden eilends in den Kreuzgang des Domes geschafft. Endlich gelang es mit eigenen Kräften, die entstandenen Brände zu ersticken. Als es Abend wurde, verließen die meisten Anwohner des Domes müde und abgespannt ihr verödetes Heim, um irgendwo bei Verwandten oder Bekannten ein Nachtquartier zu suchen. Eine Brandwache blieb im Kreuzgang des Domes zurück.

Verheerende Brände

In den Abendstunden loderte der Brand im Nordturm, der sich am Spätnachmittag etwas beruhigt hatte, wieder hell auf. Die Gluthitze hatte die schwere Eisentür oberhalb der zweiten Kapelle des Turmes bereits herausgedrückt und in das Dominnere geworfen. Brennende Balken fielen auf die vor der Schatzkammer zu Bergen liegenden Holztrümmer und setzten sie in Brand. Die Fensterhöhlen der Schatzkammer begünstigten die Zugluftbildung, so daß der Domschatz in höchste Gefahr geriet. Man entschloß sich daraufhin, die Schätze in Sicherheit zu bringen. Unter Lebensgefahr holten Pfarrer Uppenkamp von Sankt Lamberti, Domküster Gerhard, ein Student, einige Nachbarn und vier Holländer, die Pfarrer Uppenkamp mitgebracht hatte, in Körben den Gold- und Silberschatz sowie die kostbarsten Paramente aus dem Turm und brachten sie in einen Keller des Collegium Liudgerianum. Die dortige Studentenkompanie übernahm die Bewachung. Der Brand tobte. Die Gefahr, von stürzenden Steinen oder Balken erschlagen zu werden, war derart gewachsen, daß man die Bergung der weniger wertvollen Paramente nicht fortsetzen konnte. Sie blieben glücklicherweise in der Schatzkammer unversehrt.

Gegen 21 Uhr lebte der Brand im Dachstuhl des Alten Chores wieder auf. Es war deutlich, daß er bei dem starken Westwind binnen kurzem das ganze Gebälk der Kathedrale erfassen würde. Als der Bischof auf diese Gefahr aufmerksam wurde, begab er sich in Begleitung von Domkapitular Prof. Bierbaum sogleich zu dem Pumpwerk der fieberhaft arbeitenden Feuerwehr auf der Ostseite des Domplatzes. Der Hochwürdigste Herr wandte sich an die Feuerwehrleute und ersuchte sie dringend, zur Rettung des Domes sogleich Wasser heranzuleiten, da der Brandherd jetzt noch mit Erfolg zu bekämpfen sei. Es wurde dem Bischof darauf bedeutet, daß man nicht zuständig sei, er möge sich an den Einsatzleiter bei den Feuerherden wenden. Der Brand wuchs zusehends, und auch der Bischöfliche Hof sowie die Kurien des Dompropstes und Domdechanten standen in Flammen. Der Bischof ging nun zur Domgasse, von wo aus die Feuerwehr das Wasser zum Roggenmarkt pumpte. Der Hochwürdigste Herr sprach erneut die dringende Bitte um sofortige Hilfe für den Dom aus, da es sonst zu spät sein würde. Da der Feuerherd an der Domgasse ohnehin unschädlich gemacht war, entsprach man schließlich seinen Ansuchen und leitete gegen 21.30 Uhr den an der Domgasse verwendeten Schlauch in das westliche Querschiff des Domes. Hier stand der Nordturm in hellen Flammen, und der Dachstuhlbrand des Alten Chores wurde durch den Westwind mächtig geschürt. Von beiden Feuerherden wurde ein wahrer Funkenregen über die Gewölbelücken des Nordportals und der westlichen Vierung hinweg unter das offene Dach des Langschiffes getrieben. Die Gefahr für das Gebälk des Langschiffes lag auf der Hand. Daher gab der Bischof der Feuerwehr Anweisung, den Turmbrand, der offenbar nicht mehr zu bekämpfen war, einstweilen unberücksichtigt zu lassen, den Brand über dem Alten Chor aber nach Möglichkeit zu löschen und das Entstehen eines Brandes im Dachstuhl des Langschiffes zu verhindern. Die Feuerwehr nahm den Kampf mit den Bränden auf, mußte aber schon nach einer guten halben Stunde erkennen, daß ihr Bemühen bei den völlig unzureichenden Löschmitteln hoffnungslos war. Man stellte die Löscharbeiten ein und leitete den Schlauch zum Bischöflichen Hof, um dort die Seitenflügel zu retten.

Gegen 23 Uhr trat das Unvermeidliche ein: der Dachstuhl des Mittelschiffes hatte gezündet. Das völlig ausgetrocknete, jahrhundertealte Gebälk wurde in kurzem ein Raub der gierigen Flammen. Durch die Schlußsteinringe der Gewölbe rieselte unaufhörlich ein goldener Funkenregen in den Dom. Das zusammenbrechende Balkenwerk brachte das Langhaus und Hochchor des Domes in höchste Gefahr. Würden die Gewölbe der Belastung standhalten? Es war nichts mehr zu überlegen: der Dom mußte so schnell wie möglich von allem beweglichen Inventar geräumt werden. Mit fieberhafter Hast gingen mit dem Domküster die Herren Allkemper und Kieser ans Werk. Die Flügel des Hochaltares, das Beldensnyder-Kreuz über dem Mittelaltar und das Pestkreuz im Stephanuschor wurden entfernt. Leuchter, Kruzifixe, Altardecken, Teppiche u. ä. in Sicherheit gebracht. Die Abnahme des schweren spätgotischen Kronleuchters auf dem Hochchor, der an dem brennenden Gebälk befestigt war, erwies sich als unmöglich. Der Leuchter fiel später zu Boden, ohne daß er wesentlichen Schaden litt.

Während die Flammen über dem Hochchor zusammenschlugen, traf eine Mühlheimer Feuerwehr ein, die dem Brande kraftvoll zu Leibe rückte. Aber es war zu spät, zumal der Löschteich auf dem Domplatz erschöpft war. Riesige Feuerzungen schlugen aus dem verstümmelten Nordturm, und vom alten Chor bis zum Hochchor bildete die Kathedrale ein einziges Flammenmeer: ein unvergeßlicher, schauriger Anblick!

Die Orgel, die bei ihrer Wiederherstellung im Jahre 1942 durch eine Betondecke geschützt worden war, entging der Vernichtung, wurde aber schwer beschädigt. Die astronomische Uhr, die noch während der Nacht die Stunden anschlug, erlitt keine wesentlichen Schäden; lediglich die Uhrglocken schmolzen unter der Gluthitze des Brandes.

Gegen 2 Uhr nachts erschien der Bischof im brennenden Dom, verweilte einige Zeit, sagte dem Domküster ein ermunterndes Wort und ging wieder hinaus. Die ernste Bedrohung des Hochchores bestimmte Domvikar Holling, auch das Sanctissimum zu bergen. Er brachte es, während man ihm durch die Trümmer den Weg bahnte, in den Keller seiner Wohnung. In den Morgenstunden überführte er das Allerheiligste in die Kapelle des Collegium Liudgerianum. Da man befürchtete, daß das Feuer auch auf die Sakristei übergreifen würde, brachte der Domküster vorsorglich die dort befindlichen Paramente in seine Dienstwohnung. Darauf fiel der Pflichttreue in einen Erschöpfungszustand, aus dem er erst am nächsten Vormittag erwachte.

Gegen 4 Uhr morgens ließ die Kraft des Feuers, das keine Nahrung mehr fand, merklich nach. In den Morgenstunden kam es ganz zum Erlöschen. Die alten Bruchsteingewölbe, insbesondere die an das westliche Querschiff anschließenden Gewölbe des Mittelschiffes und des nördlichen Seitenschiffes wiesen zahlreiche größere und kleinere Löcher auf. Im ganzen aber hatten sie die gewaltige Belastungsprobe gut überstanden. Das Gebälk über dem Alten Chor, dem Mittelschiff, dem Hochchor und den beiden Querschiffen war verbrannt, der Dachstuhl über dem Südjoch des Westquerschiffes verkohlt. Die Dächer über dem Paradies, den Kapellen, der Sakristei und den übrigen Anbauten des Domes waren im wesentlichen unversehrt. Der Südturm hatte den Angriff fast ohne Schäden überstanden.

Der Bischof

Seine Exzellenz der Hochwürdigste Herr Bischof Clemens August Graf von Galen befand sich im Obergeschoß seines Hauses, als die Sirenen Vollalarm gaben. Er hatte Chorkleidung angelegt und wollte in Begleitung seines Kaplans zur Vesper gehen. Der Bischof legte die kirchlichen Gewänder wieder ab und blieb in seinem Arbeitszimmer. Als die Fliegerverbände Münster anflogen und die Flak zu schießen begann, wurde er auf die drohende Gefahr aufmerksam. Es war aber bereits zu spät, um nach unten zu gehen, denn nur wenige Sekunden später warf die erste Welle der anfliegenden Kampfflugzeuge ihren Bombenteppich. Etwa 4–5 Bomben trafen den Bischöflichen Hof. Im Augenblick des Einschlagens stellte sich der Bischof geistesgegenwärtig in den Türrahmen zwischen Arbeits- und Schlafzimmer, der inmitten des einstürzenden Hauses einigermaßen Schutz bot, In Sekundenschnelle verwandelten die detonierenden Sprengkörper das Hauptgebäude des altehrwürdigen, stilvollen Baudenkmals in einen Trümmerhaufen. Eine der Bomben zerschmetterte das Treppenhaus des linken Flügels, drei weitere trafen die Rückwand des Mittelbaues, eine letzte schlug in das Hinterhaus des rechten Flügels ein. Der Dachstuhl des Mittelbaues brach zusammen. Die Balkenlage und der Fußboden des ersten Stockwerkes waren nach Zerstörung der Rückwand ihrer Stützen beraubt. Sie senkten sich und bildeten von der Sohle des Bischöflichen Arbeitszimmers bis zum Trichterfeld des hinteren Hofes eine aus Trümmern und gebrochenen Balken bestehende schiefe Ebene. Das Arbeits- und Schlafzimmer des Bischofs waren zusammengestürzt und vernichtet, die trennende Innenmauer jedoch stand und bot dem Hochwürdigsten Herrn einen festen Standort und Schutz gegen herabstürzende Trümmer. Nicht zuletzt bewahrte ihn auch der schwere Kamin vor den entsetzlichen Sprengwirkungen der drei auf der Rückwand des Mittelbaues krepierten Bomben. Lediglich das einigermaßen erhaltene Vorzimmer konnte der Bischof von seinem Standort aus erreichen. Dort beobachtete er noch während des Angriffes einen beginnenden Brand, konnte aber, da alle Wasservorräte vernichtet waren, das Feuer nicht löschen.

Während noch die Flak schoß und feindliche Flugzeuge über der Stadt kreisten, eilte der Bischöfl. Kaplan Dr. Portmann zum Bischöflichen Hof, wo er den Hochwürdigsten Herrn hoch oben in den Ruinen unter freiem Himmel stehen sah. Der Bischof war, wie es schien, unversehrt. Er hatte, um unbehindert zu sein, den Talar abgeworfen und machte in seiner ungewöhlichen Aufmachung – Kniehose, lange violette Strümpfe und Lederweste – einen seltsamen Eindruck. Der Hochwürdigste Herr war durchaus ruhig und gefaßt, als Dr. Portmann sich um ihn bemühte. Der Kaplan wollte ihm beim Abstieg behilflich sein, der Bischof aber meinte, es sei nicht so wichtig, daß er gleich nach unten komme, wichtiger wäre es, wenn er Wasser hätte, um den Brand im Vorzimmer zu löschen. Wasser aber war nicht vorhanden. Der Bischof glitt nun langsam über die schräg abfallenden Balken nach unten, während Dr. Portmann ihn stützte. Von den furchtbaren Schrecken des Angriffs – der Bischof hatte dabei lediglich eine leichte Verletzung des linken Unterschenkels davongetragen – und dem mühevollen Abstieg ermattet, setzte sich der Hochwürdigste Herr auf dem Rande eines Bombenkraters nieder und ruhte ein wenig aus. Danach begab sich der Bischof sogleich zum Dom . . .

Aus: „Der Hohe Dom zu Münster", Münster, Regensbergsche Verlagsbuchhandlung, 1947, S. 23–24 und S. 29–34. Die Wiedergabe erfolgt mit freundlicher Genehmigung des Autors und des Verlages.

Schlimmer als an der Front

Der Wehrmachtsangehörige G. R. wurde am 10. Oktober 1943 auf der Durchreise in Münster vom Luftangriff überrascht. Er berichtet:

Während einer Dienstreise von meiner Einheit an der Ostfront in Rußland zu einem Lehrgang nach Frankreich kam ich am 10. 10. 1943 am frühen Nachmittag in Münster an. Mein Aufenthalt in Münster begrenzte sich nur auf ein paar Stunden. Es war ein warmer wolkenloser Herbsttag.

Uns Reisenden wurde schon auf dem Bahnsteig über Lautsprecher mitgeteilt, daß starke Bomberverbände im Anflug auf Münster seien. Der Fliegeralarm kam dann sehr schnell. Ich war überrascht zu sehen, wie viele Menschen sich noch im Bahnhof und auf den Straßen aufhielten. Sie nahmen den Alarm nicht ernst. Es hatte ja auch noch nie ein Tagesangriff stattgefunden. Man sah sehr arglos in den blauen Himmel, wo sehr viele Jagdflugzeuge in Luftkämpfe verwickelt waren. Bald sah ich auch in weiter Ferne die ersten Bomberverbände auf uns zukommen. Die Bomber wurden von Flakgeschützen scharf beschossen, wahrscheinlich auch von unseren Jagdflugzeugen. Man konnte auch sehen, wie einige Flugzeuge brennend abstürzten. Langsam wurde mir klar, daß die »feindlichen« Bomber von unseren Jagdflugzeugen und der Flak nicht aufgehalten werden konnten und auch nicht beabsichtigten, ihre Richtung auf Münster zu ändern. Man konnte wegen der günstigen Wetterlage sehr gut und weit sehen. Es erschienen immer mehr Bomberverbände.

Auch die vielen Menschen auf der Straße begriffen langsam die große Gefahr, die auf sie zukam. Inzwischen hatten wir gehört, der Luftschutzbunker im Bahnhof sei überfüllt. Ich lief daher, so schnell ich konnte, vom Bahnhof weg in Richtung Servatiiplatz. Als ich in Höhe der Reichsbahndirektion war, fielen die ersten Bomben auf die Innenstadt und kamen dem Bahnhof immer näher. Ich suchte in großer Eile in einer Kellerfensternische der Reichsbahndirektion Schutz gegen die auf Münster fallenden Bomben. Dabei hatte ich glücklicherweise einen guten Platz gefunden und spürte persönlich auch keine Angst.

Was aber dann kam, war furchtbar, es war ein Inferno, wie ich es bis dahin auch als Frontsoldat noch nicht erlebt hatte. Wie lange der Bombenregen dauerte, weiß ich nicht mehr. Um mich herum hörte ich schreiende Menschen, die verletzt unter eingestürzten Häusern lagen. Nachdem das Bombardement vorbei war, sah ich nur noch brennende und zerbombte Häuser. Die ganze Innenstadt war dem Erdboden gleichgemacht. Auch der Hauptbahnhof war schwer getroffen. Überall, wohin man schaute, verletzte Menschen, darunter viele Frauen und Kinder.

Für mich als alter Frontsoldat war es schrecklich festzustellen, daß unsere Frauen und Kinder in meiner Heimat so schutzlos einem Bombenangriff ausgesetzt waren und es auch weiterhin sein würden. Hierbei ist mir noch mehr als bisher klar geworden, daß der Krieg unter diesen Umständen nicht mehr siegreich beendet werden kann.

Nachdem ich bei der Bergung und Betreuung der Verwundeten mitgeholfen hatte, konnte ich, da inzwischen genügend Hilfsmannschaften eingetroffen waren, meine geplante Reise gegen Abend fortsetzen.

Inferno auf dem Bahnhof

Die Hausfrau A. B. aus Münster erinnert sich an den Luftangriff vom 10. Oktober 1943:

Strahlend blauer Himmel. Ich beschloß, mit meinem 5jährigen Sohn und bekannten Nachbarn, um 15.00 Uhr mit dem Zug nach Telgte zu fahren. Ich war im 5. Monat schwanger. Mein Mann fuhr um diese Zeit per Fahrrad nach Hiltrup zum Hamstern. Er war wegen Krankheit nicht eingezogen. Meine Schwiegermutter lag mit Gürtelrose im Clemenshospital, Clemensstraße. Meine 46jährige Schwägerin war bei einem vorhergegangenen Luftangriff im Luftschutzkeller an einem Gehirnschlag gestorben.

Auf dem Weg zum Bahnhof – wir waren auf der Engelstraße – kam Alarm. Ich rannte mit meinem kleinen Sohn, so schnell ich konnte, zum Bahnhof, um den Zug noch zu erreichen und aus Münster herauszukommen. Fahrkarten wurden nicht mehr ausgegeben. Wir wollten den Zug besteigen, wurden jedoch zurückgeschoben und mußten in den Bahnhofsbunker (jetziger 2. Eingang von der Bahnhofsstraße aus). Als wir noch auf dem Bahnsteig waren, fiel auf dem Nebensteig schon die erste Bombe, Splitter um uns herum. Bis wir im Bunker waren, ein arger Ansturm dorthin, fielen laufend schwere Bomben über uns. Wir konnten nur schubweise vorankommen und hatten Todesängste. Im Bunker bekamen wir noch einen Platz, weil ich schwanger war. Das Lazarett war dort ebenfalls untergebracht. Laufend kamen schreiende, angeschossene Menschen herein, z. T. noch selbst laufend, z. T. auf Bahren. Neben uns brach eine Frau zusammen, die den Rücken voller Splitter hatte. Wir saßen im Dunkeln – eine Ewigkeit. Endlich kam Entwarnung ... aber sofort wieder Alarm, das ging so weiter – einige Stunden – im Wechsel. Und immer wieder wurden Verwundete hereingetragen. Es war schrecklich. Es muß gegen 19.00 Uhr gewesen sein, als endlich bekanntgemacht wurde, daß einzelne Gruppen heraus könnten. Als ich mit den Bekannten nach oben vor den Bahnhof kam, – diesen Anblick kann man nicht beschreiben! Auf der Straße lagen massenhaft Tote, mit Zeitungspapier bedeckt, wir mußten um sie herum und durch die Toten durchgehen. Dicke Feuersluft überall, Richtung Ludgeristraße, Clemensstraße wütete das Feuer noch. Der Hauptteil des Bahnhofs war total zerstört. Ich dachte sofort an meine Schwiegermutter, ob sie wohl noch lebt. Denn das Clemenshospital war völlig zerstört. Wir mußten nun mit den Kindern durch die total verwüstete Stadt zur Hittorfstraße. Am schlimmsten war es im Bahnhofsviertel ...

Tod auf dem Marienplatz

Theo Ladner beschreibt in einem Bericht, wie er als 16jähriger den Luftangriff vom 10. Oktober 1943 erlebt hat:

Zu dem Angriff der Amerikanischen Air-Force am Sonntag, dem 10. Oktober 1943, ca. 14.00 Uhr: Ich selbst war damals 16 Jahre, befand mich im Apollo-Theater. Es wurde der Film gezeigt »Der Nachtfalter«. Es gab Vollalarm, alle verließen das Kino, ein Teil der Besucher und Passanten ging in den Luftschutzkeller des Kinos. Viele Wehrmachtsangehörige blieben draußen im Freien vor dem Keller stehen. Ich selbst ging bis zum Marienplatz. Dort befand sich ein Erdbunker aus Betonröhren mit einem Durchmesser von 2 m im V-System. Als der Angriff der ersten Welle über uns kam, kamen sie genau aus Richtung Hindenburgplatz und überflogen das Apollo-Theater Richtung Altstadt. Es war strahlender Sonnenschein und ich sah, wie sich in einiger Entfernung die Schächte der Flugzeuge öffneten, dann gab es nur noch ein fürchterliches »Rauschen«, und es entstand ein fürchterliches Inferno. Ich lag 5 m vor diesem Erdbunker in der Straßengosse im Rinnstein an der Mariensäule (sie weist ja heute noch die Beschädigungen von den Bombensplittern auf). Dieser Erdbunker bekam einen Volltreffer, es waren 79 Tote, man hat nicht mehr viel davon wiedergefunden. Der Platz vor dem Apollo-Theater . . ., wo sich die vielen Wehrmachtsangehörigen versammelt hatten, welche nicht in den Schutzraum gegangen waren, bekam auch einen Volltreffer. Alle Soldaten waren tot (teilweise zerrissen). Ich selbst mußte auf Geheiß von einigen SA-Leuten zwischen der ersten und der zweiten Welle mithelfen, diese Leichen wegzuräumen, bis es mir schlecht wurde und ich einfach davonlief. Inzwischen kam auch schon die zweite Bomberwelle angeflogen. Diese Leichen der Soldaten wurden auf der Münzstraße in einem fast zerstörten Ladenlokal aufgeschichtet, wahrscheinlich hat man sie später fortgeschafft. Es waren über 80 Soldaten . . .

Ich selbst kam seinerzeit sehr angekratzt, blutbeschmiert und mit einem leichten Schock nach Hause zur Wolbecker Straße, dort selbst hatte es gutgegangen, wenn trotzdem auch hier später alles zerstört wurde.

Bericht eines Flakhelfers

Der damalige Luftwaffenhelfer H. S. berichtet:

Mein Luftwaffenhelfertagebuch aus dem Jahre 1943, das ich nach 40 Jahren wieder zur Hand nehme, gewährt mir Einblick in wichtige Ereignisse der Zeit. Es zeigt mir auch auf bedrückende Weise, wie sehr ich damals ein Kind der Zeit war, nicht fähig, Fühlen und Denken, persönlich Erlebtes und staatlich Verlangtes miteinander in Einklang zu bringen. In der Schule hatten wir kaum gelernt zu sagen, was wir dachten und um zu erfassen, was über die Zeit hinausdenkende Erwachsene zu sagen wagten, waren wir nicht erfahren und reif genug.

So steht unkommentiert und vielleicht auch unverstanden unter dem 8. September 1943 vermerkt, was der neue Batteriechef der Stellung Mauritz, Hauptmann Meyer zu Helligen, den angetretenen Luftwaffenhelfern zur Begrüßung zurief: »Ich bringe jedem Vertrauen entgegen. Nach dem Kriege wollen wir uns einander frei ins Auge sehen können!« Heute weiß ich, daß dieser Offizier, der von Beruf evangelischer Pfarrer war, ein klareres Bild von der weiteren politischen und militärischen Entwicklung hatte als viele von uns Jungen. Wenn wir auch nicht durchschauten, was er uns mitteilte, so empfanden wir die gelassene und humorvolle Art dieses für uns damals schon alten Mannes als tröstlich und hilfreich in schwerer Zeit und als das Gegenteil dessen, was uns in dieser Hinsicht vorher geboten worden war. Erlebt hat er das Kriegsende freilich nicht. Er fiel beim Flakeinsatz in Dortmund.

Ich gehörte zu den Sechzehnjährigen – höhere HJ-Chargen wurden ohnehin nicht herangezogen – die eher bedrückt und widerwillig der Einberufung zur Flak nach Lütkenbeck und später nach Mauritz gefolgt waren. Die benachbarte Kreisstadt war nur noch per Urlaubsschein zu erreichen und das Familienleben fürs erste beendet. Obwohl wir manchen Jux auf Kosten der Dienstvorgesetzten und täglich anreisenden Lehrer machten, war das ganze ein uns alle überfordernder Kraftakt von teils harten Exerzierübungen, stundenlangen nächtlichen Einsätzen und übermüdet hingenommenen Schulstunden.

In der Tiefe erschüttert wurde ich durch die Erlebnisse des 10. und 11. Oktober. Nicht, daß mich das Geschehen gänzlich unvorbereitet getroffen hätte. Der Anblick der zerstörten jüdischen Wohnhäuser am Tage nach der »Kristallnacht« im Jahre 1938, das Verschwinden ihrer Bewohner, der Verlust des jüdischen Mitschülers und der frühe Tod vieler Frontsoldaten hatten dunkle Ahnungen aufkommen lassen und bewirkt, daß ich innerlich gegen die Zeit lebte. Aber nie vergessen werde ich den abendlichen Anblick der verglühenden Domtürme inmitten der glutroten Stadt, den der »Meßstaffelhügel« der Batterie, der sich durch Mauritz ziehende Bahndamm, bis in die Nacht hinein gewährte. Viele Kameraden standen wie erstarrt vor diesem Panorama des Schreckens. Tags darauf, während wir durch die Stadt streiften, wurde uns die Grausamkeit des Krieges vollends nahe gebracht. Ich sehe noch deutlich den offenen Lkw in der Gruitgasse neben dem Rathaus vor mir, auf dem Tote übereinandergeschichtet lagen. Noch mehr Tote wurden vom Pflaster aufgelesen und dazugelegt. Auf dem Marienplatz stieß ich zwischen den Trümmern auf eine männliche Leiche ohne Kopf. Brandgeruch lag über der Stadt, die ein Bild entsetzlicher Verwüstung bot. Ich war fassungslos und lief allein zur Flakstellung zurück, weil ich mit niemandem sprechen mochte.

Dem Tagebuch wurde das Erlebte so nicht anvertraut. Dort steht knapp, im Stil der damaligen Zeit: »10. Oktober. Nachmittags drei Uhr Fliegeralarm. In kurzer Zeit schwerster Angriff auf Münster. Seite gelesen (die Position eines Flugzeuges wurde nach Höhe, Seite und Entfernung vom Funkmeßgerät ermittelt und an die Geschütze durchgegeben). 50 bis 70 viermotorige amerikanische Bomber greifen an. Deutlich sichtbar, nach 17 Minuten Angriff, Abflug über Batteriemitte. 13 Teilabschüsse.« Und, in Klammern zwar, aber unübersehbar: »Ob ich das Flakkampfabzeichen bekomme?«

Der 11. Oktober fand folgendes Echo: »Nachmittags Rundgang durch das zerstörte Münster. Dom und die meisten Kirchen schwer beschädigt. Ferner das bischöfliche Palais. Einige Giebelhäuser wegradiert. Die Straßen bieten einen furchtbaren Anblick. Wie soll das weitergehen? Kann so etwas ungestraft bleiben?«

Soweit meine Eintragungen. Das Tagebuch des Soldaten des Jahres 1944 gibt schon tiefere Einsichten frei. Aber es bedurfte und bedarf wohl oft vieler Jahre, um Einsichten zu gewinnen, mit denen man vor sich und anderen bestehen kann.

Bilanz des 10. Oktober

Baumeister Schorn über den Großangriff vom 10. Oktober 1943:

... Am 10. Oktober 1943, um 15.00 Uhr, erlebte die Stadt Münster bei herrlich klarem Sonntagswetter den ersten großen Tagesangriff. Dieses schöne Wetter brachte es mit sich, daß an diesem Tage viele Bewohner unterwegs waren. Auch von auswärts waren viele Besucher in der Stadt. Die Bevölkerung dachte bei Auslösung des Alarms nicht daran, daß ein Tagesangriff erfolgen würde, und so kam es, daß beim Abwurf der ersten Bomben die Straßen noch dicht bevölkert waren. Hinzu kam, daß bei Tagesalarm die Bewohner zum großen Teil in den Wohnungen blieben. Die Folge davon war, daß bei diesem ersten Tagesangriff die Verluste an Personen sehr groß waren. Am schwersten getroffen wurde das Aegidiiviertel und weitere Teile der Innenstadt. An Gebäuden, die für Münster und die Umgebung ein Begriff sind, wurden zerstört bzw. schwer getroffen: der Dom, die Aegidiikirche, die Ludgerikirche, die Aegidiikaserne, die Hauptpost, Teile der Universität, das Clemenshospital, die Raffaels- und Hedwigsklinik, das Mutterhaus der Clemensschwestern, die von Schlaun erbaute Clemenskapelle, der große und kleine Kiepenkerl sowie ein Teil der alten Bogenhäuser. Verschiedene Deckungsgräben, die mit Schutzsuchenden gefüllt waren, wurden bei dem Angriff getroffen, insbesondere am Marienplatz, wo viele Besucher des Apollo-Theaters Schutz gesucht hatten. Neben den vielen Sprengbomben wurde auch eine beträchtliche Anzahl an Brandbomben abgeworfen, durch die mehrere Großbrände verursacht wurden. Nach diesem Großangriff zeigten sich die erschütterndsten Bilder: Tote, mit dem Körper im Erdreich liegend, deren Beine jedoch sichtbar aus dem Erdboden herausragten, total verbrannte Leichen, deren Körper verschmort über verkohlten Balken in der Luft hingen usw. Schwer waren die Bergungsarbeiten. Außer dem Einsatz des Instandsetzungsdienstes, der Technischen Nothilfe und des Betriebsschutzes vom Luftschutzort Münster sowie der Wehrmacht, waren noch 15 auswärtige Instandsetzungsbereitschaften eingesetzt, die aus den Luftschutzorten Osnabrück, Hamm, Recklinghausen, Gelsenkirchen, Dortmund, Essen und Wuppertal kamen. Vier Wochen waren 3 bis 4 auswärtige Bereitschaften hier, die mit den hiesigen Kräften Bergungs-, Aufräumungs- und Einreißarbeiten nach diesem Angriff durchführten. Die Bergung und Aufräumung wurde, soweit es möglich war, unter Einsatz von Großräumgeräten (Bagger) bewerkstelligt. Über die Schwierigkeit bei der Bergung von Verschütteten mögen einige nachstehende Aufzeichnungen ein Bild geben:

Am genannten Tage fand im Mutterhaus der Clemensschwestern eine Konferenz der Oberinnen statt, welche an diesem Tage auch Besuche von ihren Angehörigen empfangen durften, so daß eine größere Anzahl von Personen dort anwesend war. Das Gebäude wurde bei diesem Angriff total zerstört. Von den hierbei verschütteten Schwestern wurden unter schwierigsten Verhältnissen außer den Verletzten 20 tot geborgen. Da das Gebäude, worin sich der Luftschutzkeller befand, total eingestürzt war, war nur eine Bergung durch Eintreiben eines Stollens durch bzw. unter die Schuttmassen möglich. Nur auf diese Art war die schnellste Rettung der Verschütteten möglich. Trotz tagelanger Durchkämmung des ganzes Gebäudes konnten nicht alle, die vermißt wurden, gefunden werden.

Um die Vermißten des Clemenshospitals zu finden, war es erforderlich, daß das ganze zerstörte Gebäude an der Loerstraße durchkämmt wurde. Da das Gebäude außer den Sprengbomben auch noch Brandbomben erhalten hatte, war das bereits eingestürzte Gebäude vollständig ausgebrannt. An dem Holz, den Betten usw. fand das Feuer reiche Nahrung, so daß alles, was in diesem Gebäude vorhanden war, vollständig vernichtet wurde. Bei den Räumungsarbeiten war es mitunter erforderlich, daß die Schuttmassen, die z. T. nur aus Glutmassen bestanden, unter Wasser gesetzt werden mußten, um ein Arbeiten zu ermöglichen. Unter diesen Umständen war ein Einsatz von Baggern nicht möglich, da in diesem Falle dann keine Gewähr gegeben war, irgendwelche Anhaltspunkte für die Bergung von Vermißten zu finden. So mußten die ganzen Schuttmassen mit der Schaufel umgesetzt werden, um die Vermißten zu finden, wozu eine Zeit von 14 Tagen benötigt wurde. Was noch von den einzelnen Personen gefunden wurde, soll nicht näher erläutert werden und mag aus der vorhergehenden Beschreibung der Gebäudezerstörung zu entnehmen sein.

Eine andere Begebenheit mag noch auf das schwierige Suchen von Vermißten hinweisen. Ein Anwohner der

Aegidiistraße wurde mit seiner Frau und Tochter sowie mit einer Nachbarfamilie auf dem Wege durch die Grüne Gasse zum Luftschutzkeller der Höheren Mädchenschule an der Schützenstraße von herabfallenden Bomben überrascht. Der Mann wurde durch den Luftdruck infolge der Detonation in den Flur eines Nachbargebäudes geschleudert, ohne nennenswerte Verletzungen zu erhalten. Dieser Mann behauptete nun, daß seine Familienangehörigen auf der Straße nur einige Schritte von ihm entfernt gewesen seien. Hierauf wurden sämtliche zerstörten Gebäude, die in diesem Bereich lagen, tagelang ordnungsmäßig durchsucht, ohne daß irgendwelche Anhaltspunkte über diese Vermißten gefunden wurden. Auch das zerstörte Wohnhaus, in dem die Familie gewohnt hatte, wurde einer gründlichen Untersuchung unterzogen und nur der Mann der Nachbarfamilie dort gefunden. Der überlebende Mann vertrat immer wieder seinen ursprünglichen Standpunkt. Da sich die angegebene Entfernung mit der eines Bombentrichters deckte, wurde die letzte Möglichkeit in Erwägung gezogen, daß die Vermißten sich in diesem Bombentrichter befinden könnten. Bei der Durchsuchung des Bombentrichters fand man tatsächlich in ca. 1½ Meter Tiefe die Frau des bereits gefundenen Nachbarn, dann in 3 Meter Tiefe die vermißte Tochter und weiterhin in ca. 5 bis 6 Meter Tiefe die Frau. Aus dieser Tatsache ist mit Sicherheit anzunehmen, daß manch einer der Vermißten von diesem Angriff her in einem der vielen Bombentrichter liegt.

Dadurch, daß zum Zeitpunkt des Angriffes viele Personen unterwegs waren, war das Suchen nach Vermißten besonders schwer, da in vielen Fällen keine Anhaltspunkte angegeben werden konnten, wo die Betreffenden von dem Angriff überrascht wurden. So wurden z. B. Spaziergänger in der Promenade, die hinter einer einen Stein starken Einfriedigungsmauer Schutz gesucht hatten, von dieser, da dieselbe durch den Luftdruck in ganzer Länge umschlug, erschlagen. Nur durch die Aussage eines Soldaten, der auch hinter dieser Mauer gestanden hatte und verletzt in ein Krankenhaus eingeliefert wurde, war man darauf aufmerksam gemacht worden, daß noch eine bestimmte Anzahl von Personen, u. a. auch ein Kinderwagen, bei ihm gestanden hätten. Bei der ersten Inaugenscheinnahme wurde bezweifelt, daß unter der glatt auf dem Boden liegenden Mauer wohl jemand liegen könnte. Trotzdem wurde die Wegräumung der Wand vorgenommen und die von dem Soldaten angegebenen Personen sowie auch der Kinderwagen restlos aufgefunden.

Aus der Erkenntnis der Schwere des Angriffes vom 10. 10. 43 wurde für den Luftschutzort Münster, der nur eine Instandsetzungsbereitschaft hatte, nach diesem Angriff eine zweite Instandsetzungsbereitschaft aus dem Luftschutzort Gelsenkirchen für die Dauer des Krieges nach Münster verlegt. Soviel mir noch aus den damaligen Dienstbesprechungen erinnerlich ist, waren bei diesem Angriff am 10. 10. 43 ca. 680 Tote zu verzeichnen. ...

Übernächtigt

Aus den Akten der Gremmendorfer Schule (9. 11. 1941):

Entschuldigungsschreiben einer Mutter wegen des Unterrichtsversäumnisses ihrer 7 und 8 Jahre alten Kinder.

Geehrtes Fräulein!

Entschuldigen Sie wenn die Kinder zu spät kommen wir haben hier draußen keinen Keller so waren die Kinder 6 Stunden im Graben im Unterstand und waren so kalt und müde da hab ich die Kleinen schlafen lassen.

Es grüßt
mit Heil Hittler (sic)
Frau Z.

Redaktionelle Anmerkung: Der Hitlergruß war in offiziellen Schreiben üblich; seine Verwendung sagte nichts über die Haltung zum Regime aus. Die Tatsache, daß die Schreiberin den Namen Hitler orthographisch falsch schrieb, läßt erhebliche Distanz vermuten.

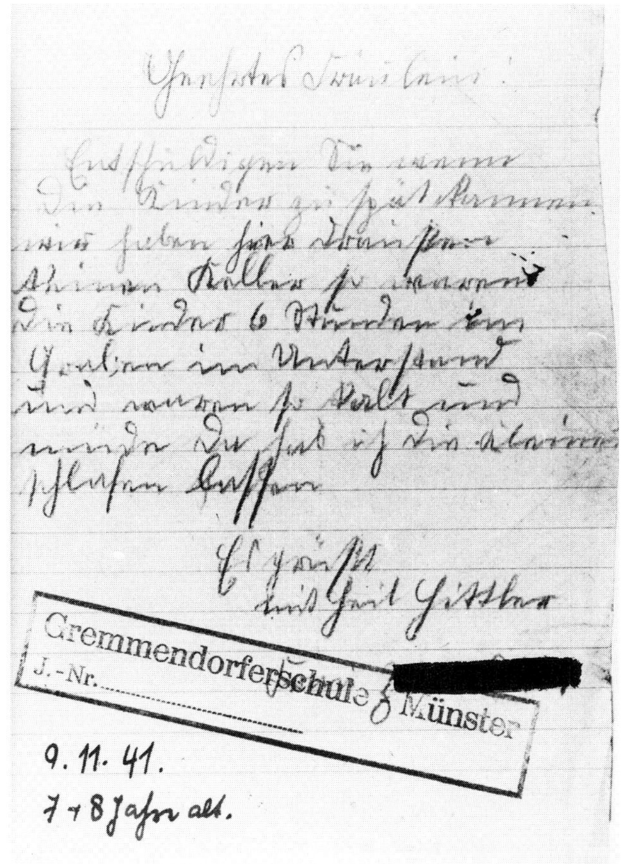

Gremmendorfer Schule [redacted] Münster
J.-Nr. ....

9. 11. 41.
7 + 8 Jahr alt.

Ein Kind zeichnet den Luftkrieg

Vier Beispiele aus dem Skizzenbuch des Schülers H. G. (geb. 1933). In einem alten Auftragsblock hielt er zeichnerisch während der Jahre 1943 bis 1945 fest, was sich vor seinen Augen ereignete.

Bombenangriff auf Häuser und Industrieanlagen.

Angriff von Jagdflugzeugen auf eine Brücke des Dortmund-Ems-Kanals bei Flakabwehr.

Schweres Flakgeschütz in Stellung bei einem Bauernhof.

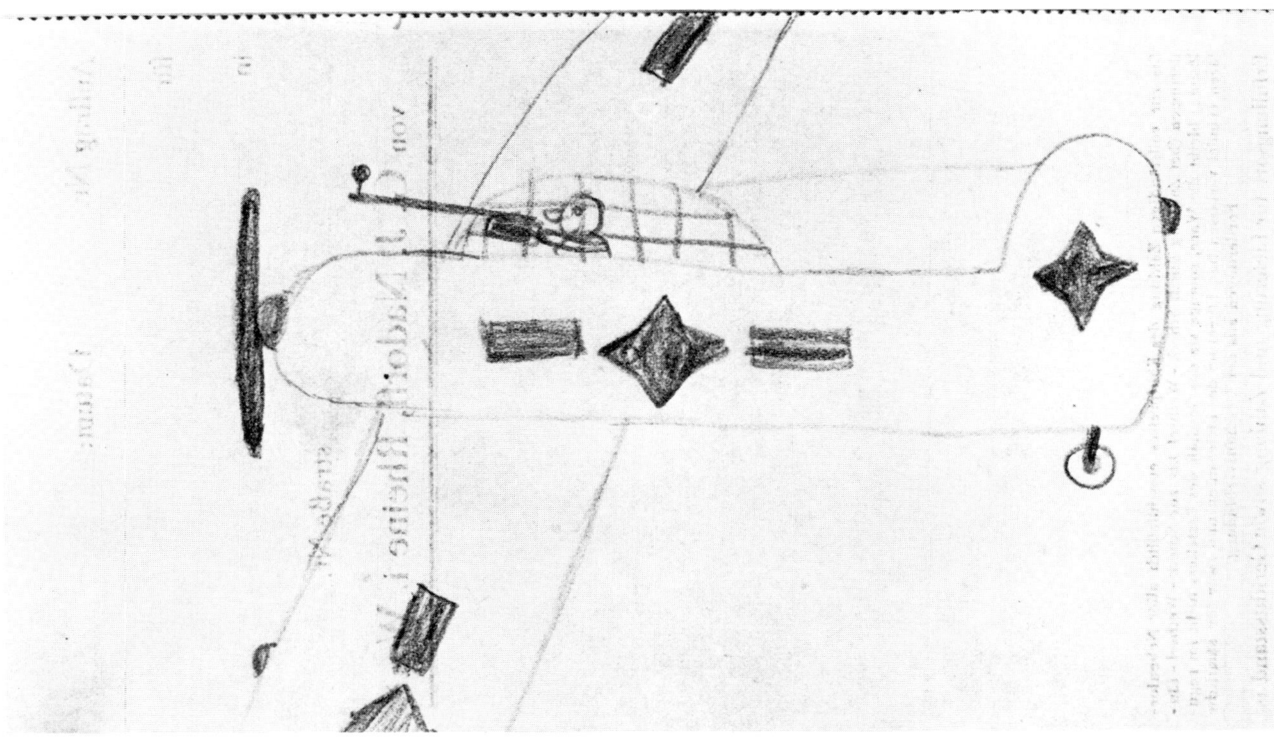

Tiefflieger

Im Gefängnis

L. K. erlebte als Häftling im Gefängnis am Hindenburgplatz den Luftangriff vom Palmsonntag 1945:

Der Palmsonntag 1945 war ein strahlender Frühlingstag. Seit 16 Monaten war ich in Untersuchungshaft der Gestapo (sogen. Rundfunkverbrechen), zu der Zeit im Landgerichtsgefängnis am Hindenburgplatz. Fast an allen Tagen und in den Nächten gab es immer wieder Vollalarm, auch Bombenabwürfe, und häufig genug wurde man nach der Entwarnung aufgestört durch Explosionen von Luftminen, die mit Zeitzündern versehen waren. Das Gefängnis war überfüllt, zumal nach der Zerstörung des Militärgefängnisses am Breul auch noch verhaftete und zum Tode verurteilte Soldaten eingeliefert wurden, einige in Handschellen. Weil ich, wie weiland der ägyptische Joseph, schon über 16 Monate in Haft war, wurde ich, wie er, so etwas wie einer der Obergefangenen, die Kalfaktordienste zu leisten hatten und für den Luftschutz bestimmt wurden. Ich wußte sehr bald, daß es im Gefängnis keinen Schutz gab. Es gab keinen Keller, nur ein Souterrain, das mit Holzstämmen abgestützt war. Mir war bekannt, daß bei einem früheren Angriff ein Flügel des Gefängnisses getroffen worden war. Durch den Luftdruck waren damals die Fußböden in die Tiefe gestürzt und hatten Eingesperrte unter sich begraben. Nur die, die während des Angriffs in den Türrahmen ihrer Zellen gestanden hatten, überlebten. Während des Vollalarms blieben die Häftlinge in den Zellen. War für die politischen Gefangenen schon die Angst vor der Zukunft groß wegen der unberechenbaren Willkürakte der Gestapo und der Justiz, so war doch das Gefühl der absoluten Preisgegebenheit in den verriegelten Zellen unbeschreiblich. Durch Mundparolen erfuhr man, was bei den Angriffen auf Wesel, Dülmen und andere Städte geschehen war. Ich erinnere mich, daß bei den Bombenabwürfen auf Wesel und Dülmen der Gefängnisbau sich hob und senkte, als seien die Bomben unmittelbar in der Nähe abgeworfen worden. Der Gefängnisvorsteher (Herr Wiesner), dem die politischen Gefangenen nicht genug dankbar sein können für seine vielfache, heimliche Hilfe, hatte es immer noch ermöglicht, daß abwechselnd jeden Sonntag in einer Zelle ein evangelischer oder katholischer Gottesdienst stattfinden konnte. Als Kalfaktor hatte ich zu sorgen für die bescheidene Vorbereitung des Raumes und für das Abräumen nachher. In Begleitung eines Wärters hatte ich an diesem Morgen auf einem Trümmerhaufen hinter dem Landgericht einige wilde Blumen für den Altar gepflückt. In diesen Tagen vor Ostern fieberten die Eingeschlossenen vor innerer Erregung, denn sie hatten durch Flüsterparolen erfahren, wie nahe die Engländer schon an Münster herangekommen waren. Es gab jetzt nur noch die Furcht, die Gestapo werde alle politischen Gefangenen noch im letzten Augenblick umbringen oder man werde noch zuguterletzt von Bomben getroffen. Kurz nach dem oben erwähnten Gottesdienst gab es Vollalarm. Alle Gefangenen wurden sofort eingeschlossen. Nur die sog. Luftschutzgruppe verfügte sich in das Souterrain. Aus dem Drahtfunk kamen Nachrichten über den Anflug von großen Flugzeuggeschwadern auf die Stadt Münster zu (Planquadrat Ida/Quelle). In unserer kreatürlichen Angst legten wir uns auf den Boden und erwarteten das Ende, denn es gab keinen Schutz. Der Höllenlärm, der durch die abgeworfenen Brandsätze und durch die Explosion der abgeworfenen Bombenteppiche entstand, kann nicht beschrieben werden, so wenig wie das Gefühl im Augenblick der Entwarnung: „Du lebst noch". Als wir nun endlich wieder ans Tageslicht kamen, war das schöne Frühlingslicht dieses Palmsonntags in tiefe Finsternis gewandelt durch die Feuerstürme, die in der Stadt ausgebrochen waren.

Durch den Luftdruck der explodierenden Bomben waren alle Fensterscheiben des Gefängnisses zersprungen, die Rahmen herausgerissen und auch einige Zellentüren aufgedrückt. So konnten auch einige Gefangene in dem allgemeinen Chaos entfliehen. Es gelang mir, auf das Dach des Gefängnisses zu gelangen und die Stadt zu überblicken. Was noch geblieben war von der alten schönen Stadt, an diesem Morgen ging es unter in einem Feuersturm. Zu retten war nichts mehr. Man konnte kaum atmen wegen des scharfen Brandgeruchs und wegen des Rußes in der Luft. Vor uns brannte das Schloß nieder, das nach einer ersten, leichteren Kriegseinwirkung wieder hergestellt worden war. Weil die Wasserleitung unterbrochen war, mußten wir aus dem völlig versumpften und verschmutzten Schloßgraben Wasser holen, damit für die Gefangenen am Abend wenigstens eine Suppe gekocht werden konnte. Ein Proviantmagazin der Heeresverwaltung in der Nähe der Georgskommende war in Brand geraten. Die eingelagerten Konservendosen explodierten und wurden über Stunden in die Luft geschleudert wie Geschosse. Auch der Zoo in der Nähe des Gefängnisses wurde getroffen. Die Verwaltung des Gefängnisses durfte sich ein getötetes Bison holen lassen. Die meisten Gefangenen waren nach langer Haft so ausgehungert und entkräftet, daß sie die schwere Kost nicht vertragen konnten. Viele waren am anderen Morgen krank. In den Tagen nach dem Palmsonntag wurden die meisten Gefangenen entlassen, nicht die politischen. Ich selbst konnte am Gründonnerstag das Gefängnis verlassen, weil ein vernünftiger Arzt, auf Veranlassung von Herrn Wiesner, mich haftunfähig schrieb. Meine Angehörigen hatten ihr Haus und ihre Habe auch durch Bomben verloren. Ich hatte aber Nachricht, daß sie bei Verwandten in den Baumbergen untergekommen seien. An den Straßen dahin lagen Gruppen von aufgelösten Arbeitsdienst- und Hitlerjugendgruppen, müde und abgerissen. Am Tage darauf sah ich die ersten kanadischen Panzer und Truppen auf den Straßen der Baumberge vorbeirollen.

Gliederung der Ausstellung

KATALOG

I. Münster vor dem Krieg

Die Stadt Münster bot vor dem Krieg das Bild einer historisch gewachsenen Stadt. Münster war erst nach 1860 über den Bereich der mittelalterlichen Mauern herausgewachsen. Das Nord- und das Südviertel sowie die Bebauung an den Ausfallstraßen im Osten entstanden in den folgenden 80 Jahren und nahmen damit ein Gebiet ein, das bis dahin durch Gartenparzellen gekennzeichnet war.

In der Altstadt hatte sich bis zur Kriegszerstörung die Struktur vieler Stadtviertel wenig geändert. Die Wallanlagen der Promenade umschlossen, wie seit Jahrhunderten, die Stadt, deren radial von einem inneren Straßenring um die Domburg ausgehenden Straßenzüge durch Kirchen und Klöster, Gademen (Fachwerkhäuser der ärmeren Bevölkerungsschichten), Bürgerhäuser und Adelshöfe gekennzeichnet waren. Der spätromanische Dom mit seinem spätgotischen Westportal im Zentrum der Stadt sowie die romanischen Kirchen St. Ludgeri und St. Servatii waren die frühesten original erhaltenen Kirchenbauten Münsters. Sie wurden glücklicherweise, wie auch die Kirchenbauten späterer Jahrhunderte, die gotischen Hallenkirchen St. Liebfrauen, St. Martini, St. Lamberti und die Kirchen der Barockzeit, die Observanten-, Dominikaner-, Aegidii- und Clemenskirche, nach der Kriegszerstörung im wesentlichen originalgetreu wieder aufgebaut. Ihr städtebaulicher Zusammenhang oder die historische Umgebung ist aber heute in den meisten Fällen verloren. Das Beispiel der Clemenskirche macht dies in frappierender Weise deutlich.

In vielen Stadtvierteln hatte sich vor dem Kriege noch die kleinteilige Bebauung auf mittelalterlichem Parzellenzuschnitt erhalten. Gärten und andere Grünflächen waren im Zusammenhang mit den Häusern in großer Anzahl vorhanden. Gademen und andere Fachwerkhäuser waren für viele Seitenstraßen charakteristisch. An den Hauptstraßen waren es die öffentlichen Bauten verschiedener Jahrhunderte, die repräsentativen Bürgerhäuser der Gotik, der Renaissance und des Barock mit ihren Treppen und Staffelgiebeln oder den barocken und klassizistischen Schaufassaden, aber auch die Adelshöfe, zumeist Dreiflügelanlagen mit übergiebeltem Mittelrisalit. Gemeinsam bildeten alle diese Gebäude ein städtebauliches Gefüge, das seinen Höhepunkt in dem barokken Schloß hatte.

Im Stadtbild waren vor dem Kriege allerdings keineswegs mehr die Giebelhäuser die charakteristische Bauform. Gegenüber 70 Prozent giebelständiger Häuser im Jahre 1636 waren es 1934 weniger als 50 Prozent. Diese Veränderung war durch die Bevorzugung des Traufenhauses im 19. Jahrhundert entstanden und so waren es 1939 vielmehr die traufenständigen Häuser, die das Stadtbild bestimmten. Ausgenommen hiervon war der unmittelbare Stadtkern um die Domimmunität, wo fast jedes Haus ein Giebelhaus war. Seit 1895 tauchten in Münster auch die für die Gründerzeit charakteristischen 3–4geschossigen Wohn- und Geschäftshäuser auf. Ganze Straßenfluchten, wie an der Ludgeristraße, bildeten sie aber zunächst in der Altstadt nicht. Blockweise tauchten sie nur in den neugegründeten Außenvierteln der Stadt auf. Diese Entwicklung zum höhergeschossigen Bauen und zur Errichtung von neuen Großbauten hatte seit der Mitte des 19. Jahrhunderts begonnen, als man etwa am Prinzipalmarkt das maßstabsprengende, viergeschossige Hotel »Zum König von England« errichtete. Auch Verwaltungsbauten, wie das Staatsarchiv im Stil der niederländischen Neurenaissance sowie die Universitätsbauten kennzeichnen diese Entwicklung. Änderungen des Stadtbildes durch hochgeschossige Bauten versuchte man durch Verordnungen 1904 und 1913 einzudämmen. Danach wurde eine Nivellierung der Höhenentwicklung und Einflußnahme auf die Fassadengestalt festgelegt. Nachdem allerdings der Bauklassenplan von 1928 für die Altstadt viergeschossige Bauweise ausgewiesen hatte, ging diese Entwicklung weiter. 1937 wurde in einem Generalbebauungsplan erneut die Herabsetzung der Geschoßhöhen gefordert. Besonders nach dem Kriege setzte sich aber die höhergeschossige Bauweise in erheblichem Maße fort. Wie war nun die stilistische Entwicklung der Gebäude seit dem späten 19. Jahrhundert verlaufen? Zum einen waren es Wohn- und Geschäftsbauten im Stil des Historismus und des Jugendstils, zum anderen kam es gleichzeitig zur Errichtung neugotischer Kirchen, etwa zum Bau des Lambertiturms oder zur Errichtung der Kreuz- und der Josephskirche in den neuen Stadtteilen. Die Bauten Alfred Hensens sind typisch für die Architektur vor dem letzten Kriege. Der Neubau des

Stadthauses mit dem Stadtturm in historisierenden Formen, das Haus Rincklake an der Rothenburg, das Jugendstilhaus Fliethoff an der Loerstraße sowie die Torminbrücke in fast expressionistischer Formensprache machen die Entwicklung in Hensens Werk, stellvertretend für die allgemeine Stilentwicklung, deutlich. Auch der moderne Bauhausstil ließ sich in Münster vor dem Kriege, etwa am Haus Hettlage an der Ludgeristraße, oder, in reinerer Form, an dem Haus Münzstraße 9 ablesen. Dieses vielgestaltige, geschlossene Stadtbild Münsters ist durch das Inferno des Bombenkrieges zunichte gemacht worden. Verloren gingen mit der äußeren Gestalt auch der größte Teil der kostbaren Innenausstattungen, die sich in vielen Kirchen, Bürgerhäusern und Adelsbauten und nicht zuletzt im Residenzschloß bis dahin komplett erhalten hatten. Das Beispiel zweier Straßenzüge, die heute ein völlig anderes Gesicht haben, und das Beispiel der Innenausstattung des Schlosses sollen einen Eindruck vom Stadtbild Münsters vor dem Kriege geben.

1–8 Das Schloß zu Münster

Das Residenzschloß zu Münster wurde seit 1767 nach den Plänen des fürstbischöflichen Architekten Johann Conrad Schlaun im Geist des Spätbarock errichtet. Der Ort für die Errichtung des Gebäudes war das Gelände der ehemaligen Zitadelle, die im Zusammenhang mit der Entfestigung der Stadt Münster seit 1764 abgebrochen wurde.

Der Fürstbischof Maximilian Friedrich von Königsegg-Rothenfels (1761–1784) und sein Baumeister Schlaun erlebten allerdings die Fertigstellung des Schlosses nicht mehr. Schlaun starb schon 1773, sein Nachfolger im Amt wurde Wilhelm Ferdinand Lipper, ein Vertreter des frühen Klassizismus. Fürstbischof Maximilian Friedrich erlebte noch die fortführende Tätigkeit Lippers, er starb 1784, drei Jahre vor Vollendung des Baues.

Den Zweck, als Residenz dem fürstbischöflichen Landesherrn zu dienen, konnte das Schloß nicht mehr erfüllen. Da der letzte Fürstbischof Maximilian Franz von Österreich (1784–1801) nie in Münster residierte und das Fürstbistum 1803 säkularisiert wurde, hatte die Residenz keine Funktion. Während des mehrfachen Wechsels der Landesherrschaft 1800–1815 diente das Schloß den jeweiligen Oberbefehlshabern und Beamten als Sitz, um nach der Erhebung Münsters zur Provinzialhauptstadt 1815 den kommandierenden General und den Oberpräsidenten zu beherbergen.

1854 wurde der von Lipper nach Plänen Schlauns ausgeführte Barockgarten in einen englischen Landschaftsgarten umgestaltet. Das Schloß selbst war bis 1945 unversehrt. Im letzten großen Bombenangriff am Palmsonntag 1945, eine Woche vor dem Einmarsch der alliierten Truppen, wurde es schwer getroffen und brannte bis auf die Umfassungsmauern aus. Während der Außenbau nach dem Kriege wiederhergestellt werden konnte, waren die Innenraumdisposition und die kostbare Innenausstattung unwiederbringlich verloren. Das Innere des Schlosses wurde 1947 bis 1953 für die Erfordernisse, die es als Hauptgebäude der Universität zu erfüllen hatte, vollständig neu konzipiert.

Einen Eindruck über die Gestalt des Schlosses vor dem letzten Kriege vermitteln die folgenden Fotos.

1 Hauptfassade des Schlosses

Die Mitte des langgestreckten Dreiflügelbaus ist durch einen vorschwingenden Pavillon akzentuiert. Der rhythmische Wechsel von gelbem Sandstein und rotem Backstein, im Zusammenklang mit dem schiefergedeckten Mansarddach, verleiht dem Außenaufbau seinen Reiz. Die vor dem Schloß Anfang dieses Jahrhunderts angelegte Rasenfläche war ursprünglich dort nicht vorgesehen. 1982 wurde daher die von Schlaun geplante, gerade auf das Schloß zuführende Achse wieder angelegt. In neuester Zeit werden auch die niedrigen Mauern, die Schlaun eingesetzt hatte, um das Schloßgebäude mit den seitlichen Remisengebäuden und den Wachthäuschen in Beziehung zu setzen, wieder errichtet.

1a Gartenfassade des Schlosses

Die Gartenfassade ist zurückhaltender als die Vorderfront gestaltet. Statt Säulen sind hier Pilaster zur Gliederung des Mittelpavillons verwendet. Auch fehlt eine Attikazone. Das Zuammenspiel der Gartenfassade mit dem achsial auf sie bezogenen Barockgarten wurde schon 1854 zunichte gemacht, als der Garten in einen englischen Landschaftsgarten umgewandelt wurde.

2 Grundriß des Hauptgeschosses

aus: Bussmann, Klaus, Wilhelm Ferdinand Lipper, Münster 1972, S. 41.

Kat.-Nr. 1

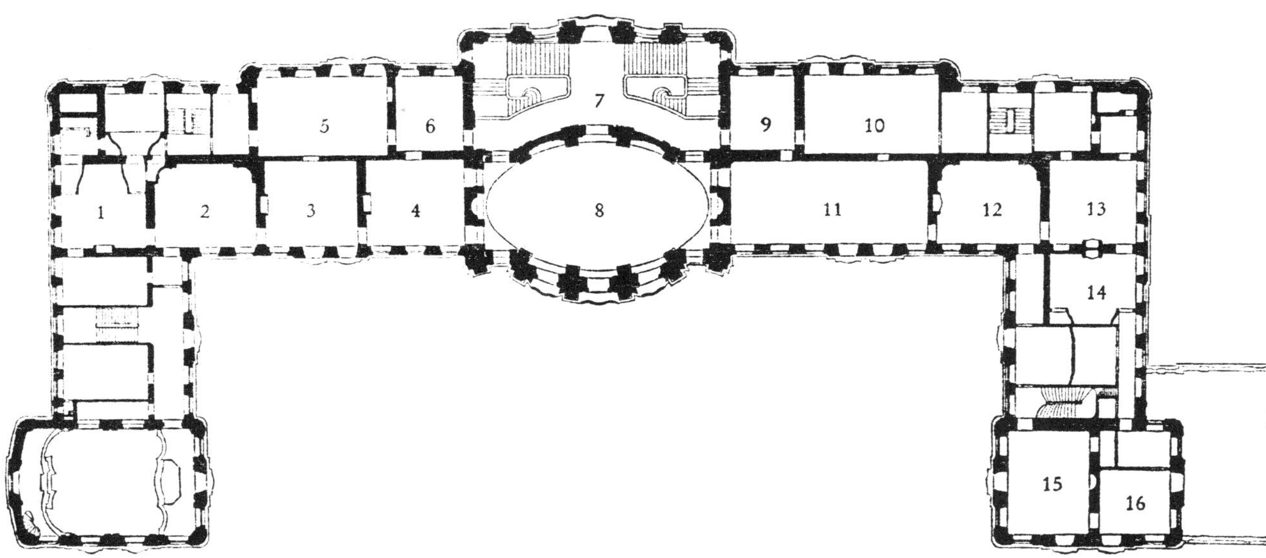

III. Grundriß des Hauptgeschosses, Zustand vor der Zerstörung
Maßstab 1 : 600

1. südl. Schlafzimmer
2. südl. Audienzsaal
3. zweite Antichambre
4. erste Antichambre
5. südl. Speisesaal
6. südl. Gardesaal
7. Treppenhaus
8. Großer Saal
9. nördl. Gardesaal
10. nördl. Speisesaal
11. Fürstensaal
12. nördl. Audienzsaal (ohne abgerundete Ecken)
13. Assembléesaal
14. Schlafzimmer des Kurfürsten
15. Großes Zimmer des Nordpavillons
16. Gelbes Kabinett

Kat.-Nr. 2

3 Durchfahrt und Treppenhaus

Schlaun wählte für den Eingangsbereich des Schlosses eine ungewöhnliche Lösung. Im Gegensatz zu den meisten deutschen Residenzen, wo die Treppenhäuser seitlich der Durchfahrten angelegt waren, verband er die beiden Raumeinheiten, indem er die Treppe zu beiden Seiten der Eingangshalle über die Durchfahrt hinweg zur Bel-Etage führte. Vorbild könnte das Treppenhaus des Schlosses zu Mainz gewesen sein. Um die statische Sicherheit des über der Durchfahrt liegenden Festsaals mit seinen Kollossalsäulen gewährleisten zu können, fügte Lipper später vier freistehende toskanische Säulen im mittleren Bereich der von Schlaun gebauten Durchfahrt hinzu. Zwei dieser Säulen sind im Hintergrund des Fotos zu sehen.

4 Stuckdecke im Schlafzimmer der südlichen Residenzgemächer

Die mit zarten Schnörkelverzierungen und Rocaillen angelegte Stuckdecke ist ein charakteristisches Beispiel der von Schlaun geplanten Plafondekoration.
Das Medaillon zeigt die Personifikation der göttlichen Vorsehung.

5 Schloßkapelle

Die Schloßkapelle wurde im wesentlichen nach Plänen Schlauns ausgeführt. Pilaster und im Altarbereich Säulen gliedern die Wände. Im oberen Bereich tragen Hermenpilaster ein gestuftes Gebälk. Die Decke zeigt kräftige Rokokoornamente. Die bei Schlauns Tod noch nicht fertiggestellte Altarwand führte Lipper im wesentlichen nach Plänen Schlauns aus. Anstatt des geplanten Orgelprojektes schloß Lipper allerdings die Altarzone oben mit einem Zahnschnittfries ab und ordnete darüber ein in Wolken schwebendes Lamm Gottes an. Der ehemalige Kapellenraum dient heute als Vorlesungssaal der Universität.

Kat.-Nr. 5

Kat.-Nr. 3

Kat.-Nr. 7

6, 6a Assemblée-Saal, Südostecke

Verschiedene Türen des Schlosses konnten vor der Vernichtung durch die Bomben gerettet werden. Die ausgestellten Türen stammen, wie das Foto deutlich macht, aus der Südseite des Assemblée-Saales. Wie bei allen von Lipper entworfenen Türfeldern schloß ein rechteckiges Supraportenfeld das Türkompartiment nach oben hin gerade ab. Die Wanddekoration wurde diesem vorgegebenen Gliederungsprinzip angepaßt. Die Ornamente sind vornehmlich klassizistische Zopfmotive, Rosetten und Blütengehänge.

7 Fürstensaal

Die Portraits in dem von Lipper ausgestatteten Raum stellten von links nach rechts 7 münsterische Fürstbischöfe dar: Christoph Bernhard von Galen, Ferdinand von Fürstenberg, Max Heinrich von Bayern, Friedrich Christian von Plettenberg (diese vier sind auf dem Foto zu sehen), Franz Arnold von Wolff-Metternich, Clemens August von Bayern sowie den regierenden Fürsten Maximilian Friedrich von Königsegg-Rothenfels. Während die sechs zuerst genannten Portraits von Anton Stratmann gemalt wurden, ließ der Schloßherr sich von Johann Heinrich Tischbein portraitieren.

Kat.-Nr. 6a

Kat.-Nr. 8

8 Ovaler Festsaal

Der ovale Festsaal war der wichtigste Raum des Schlosses. Er war im Hauptgeschoß des Mittelpavillons angeordnet und ging über 1½ Geschosse. Der nach Schlauns Tod von Lipper im Rohbau vorgefundene Raum wurde vollständig in wuchtigen Formen des frühen Klassizismus ausgestattet.

9–11 Ludgeristraße

Die von Süden in die Stadt führende Ludgeristraße war schon vor dem Kriege gekennzeichnet durch eine Bebauung von drei- bis viergeschossigen Geschäftshäusern. Wie heute war sie also Geschäftsstraße (Kat.-Nr. 9 u. 10).

Die Häuser wurden zumeist im späten 19. Jahrhundert oder im frühen 20. Jahrhundert errichtet und waren Beispiele für den Historismus oder den Jugendstil. Zumeist war hinter der Fassade noch ältere historische Bausubstanz vorhanden. Das zweite Haus von links,

Kat.-Nr. 10

Ludgeristraße 75, Hettlage, war im modernen Bauhausstil ausgeführt (Kat.-Nr. 9). Der kubische viergeschossige Hausblock schwingt lediglich an der Ecke rund aus. Auf der gleichen Straßenseite entstand seit 1920 im weiteren Verlauf der Straße das neue Sparkassengebäude, an der Stelle, an der sich auch die heutige Stadtsparkasse befindet.
Im Hintergrund der Fotos taucht der historische Stadtturm auf, der 1901–05 von Alfred Hensen im Zusammenhang mit dem Stadthaus errichtet wurde.
Neben den Gebäuden des 19. Jahrhunderts waren vor dem Kriege noch Gebäude früherer Jahrhunderte erhalten (Kat.-Nr. 10), von denen zwei links vom Haus Hettlage zu sehen sind. Auf der anderen Straßenseite stand vor dem Kriege der Merveldter Hof (Kat.-Nr. 11), eines der vielen Stadtpalais, die sich der münsterländische Adel in der Barockzeit als Wintersitz in der Landeshauptstadt eingerichtet hatte.
Den südlichen Abschluß der Ludgeristraße bildet die Ludgerikirche (Kat.-Nr. 10). Der spätgotische Chor des spätromanischen Kirchenbaus tritt in die Straßenflucht hinein. Trotz starker Beschädigung wurde die Kirche nach dem Kriege wieder rekonstruiert.

Literatur: Gutschow, Niels/Stiemer, Regine: Dokumentation Wiederaufbau der Stadt Münster 1945–1961, Münster 1982; Humborg, Ludwig: Historischer Bummel durch Münsters Altstadtstraßen, Münster 1973; Geisberg, Max: BuK Westfalen. Die Stadt Münster, Bd. IV, Münster 1935; Werland, Walter: Münster in alten Ansichten, Münster 1976.

9 Ludgeristraße von Süden

10 Ludgeristraße von Nord-Osten

11 Merveldter Hof, Ludgeristraße 36

Kat.-Nr. 11

12–18 Loerstraße

Vor dem Kriege noch war die Loerstraße Beispiel für einen gewachsenen Straßenzug mit historischem Baubestand aus verschiedenen Jahrhunderten.

Der Name Loerstraße ist auf die Lohgerber zurückzuführen, die hier, etwas abseits der Innenstadt, ihren Sitz hatten. Die Straße verlief, wie der Ausschnitt aus dem 1928 entstandenen Plan von Paul Guttermann deutlich macht, vom Platz vor der Clemenskirche (Servatiischild) bis zur Ecke Hagedornstraße/Stubengasse (Kat.-Nr. 12).

Die Westseite der Loerstraße wurde bestimmt von der Clemenskirche, den angrenzenden Kloster- und Hospitaltrakten sowie dem dazugehörigen großen Garten (Kat.-Nr. 13 u. 15), dessen Einfriedung (Kat.-Nr. 17) links zu erkennen ist.

Die Clemenskirche wurde 1745–1753 von Johann Conrad Schlaun im Zusammenhang mit Hospital und Kloster für »Die Barmherzigen Brüder vom Orden Johannes von Gott« errichtet. Geschickt setzte Schlaun die Kirche zwischen die Hospitaltrakte auf die Straßenecke.

Die Außenfassade des Zentralbaues ist an den Seiten in Anlehnung an die Klostertrakte schlicht und lediglich durch Stufungen und Blendfenster verziert. Nur der Portalbereich ist hervorgehoben durch außen konkav, zur Mitte hin konvex gewölbte Fassadenteile sowie durch außen einfache, zur Mitte hin gebündelte Pilaster mit darüberliegenden kräftigen Gesimsen. Abgeschlossen wird der mittlere Fassadenteil durch einen gesprengten, wappengeschmückten Giebel. Dahinter setzt auf einer niedrigen Attikazone das Mansarddach an, das von einer Laterne gekrönt wird.

Der Innenraum (Kat.-Nr. 14) ist kreisrund und alternierend mit halbrunden bzw. flachen Nischen ausgestattet. Pilaster und im Altarbereich Säulen tragen das gestufte Gebälk, das sich über dem Altar verkröpft und darüber einen gesprengten Segmentgiebel aufweist. Die spätbarocke, vom römischen Kirchenbau beeinflußte Gestalt des Raumes wurde wohl auf Wunsch des Bauherrn mit einer süddeutschen Rokokoausstattung versehen. Jacob Rauch, ein Wessobrunner Stukkateur, führte die Stuckarbeiten aus, das Kuppelfresko malte Johann Adam Schöpf aus Straubing.

Im späten 19. Jahrhundert veränderte man die Farbigkeit des Innenraumes. Die Altarsäulen wurden im Geschmack der Zeit mit bräunlichem unkannelierten Stuck versehen, die Pilaster in gelbem oder rotem Stuck ausgeführt. Diesen Zustand zeigt das Foto. Nach der völligen Zerstörung der Kirche im Zweiten Weltkrieg wurde in jahrzehntelanger Tätigkeit der ursprüngliche barocke Zustand rekonstruiert.

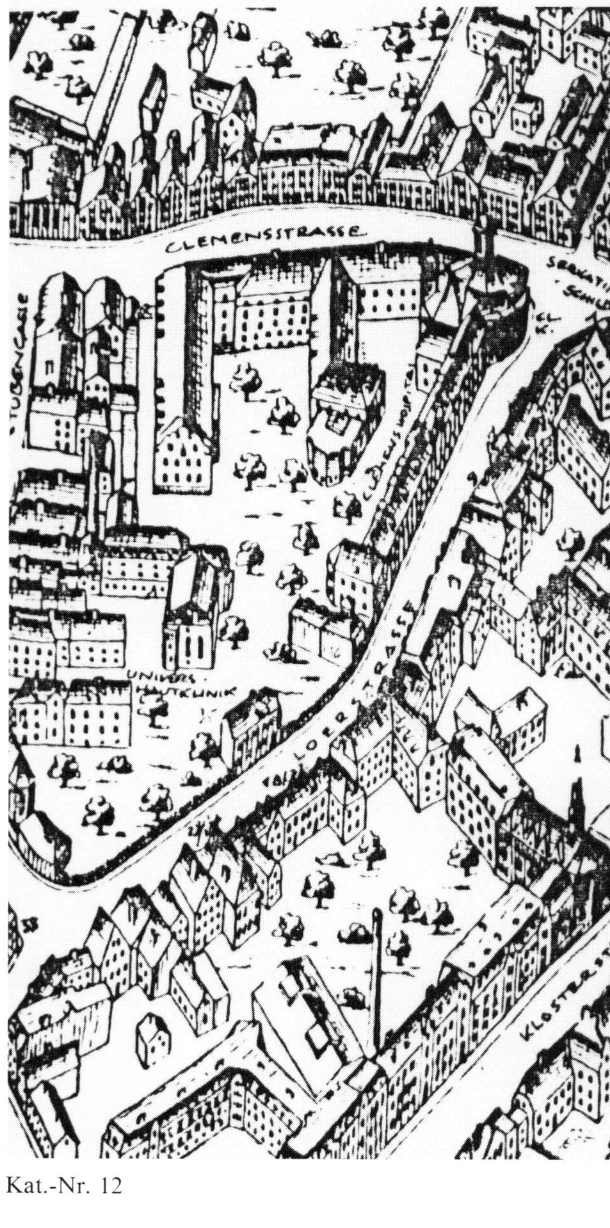

Kat.-Nr. 12

Die an die Kirche anschließenden Hospitaltrakte sind nach ihrer Zerstörung im letzten Kriege nicht wieder erstellt worden. Sie schlossen den Garten des Clemenshospitals ein, der sich an drei Seiten, von Bauten umgeben, im Bereich des heutigen Parkplatzes Stubengasse befand (Kat.-Nr. 15).
Der Clemenskirche gegenüber stand auf der anderen Straßenseite das Haus Loerstraße 1, ein spätbarocker Bau, der 1764 in Backstein mit Werksteingliederung errichtet wurde (Kat.-Nr. 16). Ein Dreiecksgiebel bekrönte den in das Mansarddach einschneidenden Mittelrisalit. Zuletzt war das Haus Sitz der Gesamtgilde. Ebenfalls auf dieser Straßenseite stand das noch heute existierende Haus Fliethof, das Alfred Hensen 1913 im Jugendstil erbaute. Bemerkenswert ist die Dachterrasse mit der schmiedeeisernen Dachlaube.
An das Haus Fliethof schloß sich ein 1717 errichteter Backsteinbau an. Daneben erhob sich das (Kat.-Nr. 17) im Hintergrund zu sehende neugotische Mutterhaus der Clemensschwestern. Dort fand am 10. Oktober 1943 eine Konferenz des Ordens statt, als ein Bombenangriff das Haus zerstörte. 52 Schwestern konnten nur noch tot aus den Trümmern geborgen werden.
Im weiteren Verlauf der Straße standen die Häuser Loerstraße 18–22, die 1762 vom Pfennigmeister von Büren gebaut wurden. Es sind Gademen, kleine zweigeschossige, traufenständige Wohnhäuser, die zumeist in Fachwerk errichtet wurden. Gadem, ein heute nicht mehr gebräuchliches Wort, kommt aus dem Süddeutschen und bedeutet: kleines Zimmer oder Raum zum Wohnen. Die Gademen, die nach dem Kriege aus dem Stadtbild Münsters verschwunden sind, waren die Wohnhäuser der ärmeren Bevölkerungsschichten.
Kat.-Nr. 17 zeigt abschließend drei Geschäfts- und Wohnhäuser, die aus dem 19. Jahrhundert stammen.

Literatur: Noehles, Karl: Die Clemenskirche und das Hospital der Barmherzigen Brüder in Münster, in: Schlaunstudie I, hrsg. von Bussmann, K. und Korn, U. D., Münster 1974, S. 125ff. Geisberg, Max: Die Stadt Münster, Bd. VI, Münster 1941. Sarrazin, Otto: Die Straße der Lohgerber in Münster, in: Auf roter Erde, Nr. 147, 27. Jahrgang, August 1971, S. 30f. Ders.: Die Gademen. Ein aus dem Stadtbild verschwundener Wohnhaustyp, in: Westfalen 49, 1971, S. 144ff.

12 Loerstraße

Ausschnitt aus: Heinrich Guttermann, Fliegerschaubild der Stadt Münster 1928

13 Clemenskirche mit den seitlichen Flügeln des Clemenshospitals

Kat.-Nr. 13

Kat.-Nr. 14

14 Innenansicht der Clemenskirche

Kat.-Nr. 15

15 Garten des Clemenshospitals

Kat.-Nr. 16

16 Haus der Gesamtgilde, Loerstraße 1

Kat.-Nr. 17

17 Blick in die Loerstraße
von Süden

18 Die Bürenschen Gademen,
Loerstraße 18–22

Kat.-Nr. 18

II. Max Geisberg und das historische Münster

Durch die Bomben des Zweiten Weltkrieges ist in Münster, genau wie in vielen anderen Städten Deutschlands, ein im Laufe der Geschichte geformtes Stadtbild zerstört worden. Den Charakter und die Atmosphäre einer solchen gewachsenen Stadt kann ein Wiederaufbau, mag er auch in Einzelfällen mit großer Detailtreue geschehen, niemals wieder erstehen lassen. Ungenaue Kenntnis der Vorkriegszustände und unterschiedliche Vorstellungen über den Wiederaufbau führten oft zu gesichtslosen Stadtlandschaften; das Bild der gewachsenen Städte ging häufig verloren.

Münster stellt jedoch in zweierlei Hinsicht eine glückliche Ausnahme dar. Einerseits war die Meinung in der Bevölkerung und im Rat vorherrschend, daß der Wiederaufbau an den historischen Vorbildern orientiert sein solle (vgl. Abt. IX), andererseits verfügt die Stadt Münster, wie keine andere Stadt in Deutschland, über ein umfangreiches und genaues Verzeichnis der Bau- und Kunstdenkmäler der alten Stadt. Dieses Inventarwerk ist untrennbar verbunden mit dem Namen Max Geisberg.

Seit dem Jahr 1919 hatte Max Geisberg an der Sammlung und Beschreibung der Bau- und Kunstdenkmäler seiner Heimatstadt Münster gearbeitet. Bei dem 1875 geborenen Max Geisberg war das Interesse für die Kunst und Geschichte der Stadt Münster, welches ihn schon als Student zu einem profunden Kenner münsterischer Geschichte und Kunst werden ließ, bereits im Elternhaus angelegt. Er stammte aus einer alten münsterischen Familie, sein Vater, Heinrich Geisberg, war Justitiar des Domkapitels, Stadtarchivar und Direktor des westfälischen Altertumsvereins. Nach Studien in München, Münster, Berlin und Heidelberg schloß Max Geisberg 1902 sein kunstgeschichtliches Studium mit einer Dissertation über den westfälischen Kupferstecher Israel van Meckenem ab. Die frühe Druckgraphik beschäftigte ihn auch nach seinem Studium, und als Direktorialassistent am Dresdner Kupferstichkabinett wurde er zu einem international anerkannten Fachmann auf dem Gebiet des frühen Kupferstiches. Seine späteren Veröffentlichungen besitzen zum Teil noch heute Gültigkeit und bieten der kunstgeschichtlichen Forschung wegweisende Gedanken.

Geisbergs Erfahrungen auf dem Gebiet der Kunstwissenschaft und des Museums sowie die umfangreichen Kenntnisse der (Kunst-)Geschichte Münsters führten dazu, daß dem 36jährigen 1911 die Leitung des neugegründeten Landesmuseums in Münster angetragen wurde.

Geisbergs bedeutendste Leistung aus münsterischer Sicht sind die sechs umfangreichen Teilbände über die Bau- und Kunstdenkmäler der Stadt Münster. Der erste Teil erschien nach 13jähriger Vorbereitungszeit 1932 als 41. Band in der Reihe der »Bau- und Kunstdenkmäler von Westfalen«. In dem Vorwort zu diesem Teilband ging Geisberg noch davon aus, das Inventar für die Stadt Münster auf drei Bände beschränken zu können. Da er jedoch meinte, in einer Zeit zu leben, »in der die frühere lebendige Verbindung mit der alten Überlieferung der Heimat abzureißen droht«, schien ihm »eine größere Ausführlichkeit der Darstellung und eingehendere sachliche Begründung aller Einzelheiten geboten, und die Wiedergabe der Belege aus den archivalischen Quellen und aus der entlegeneren Literatur in buchstäblicher Treue wünschenswert".[1] Nach dieser Maßgabe wurde sehr schnell deutlich, daß die Inventarisierung mehr als drei Bände füllen würde. Insgesamt waren sechs Bände mit annähernd 3000 Seiten und mehr als 2100 Abbildungen nötig, um die Bau- und Kunstdenkmäler der Stadt Münster zu erfassen. Der 1932 erschienene 1. Teil enthält die Ansichten und Pläne Münsters, die Befestigungen sowie die Residenzen der Bischöfe. Ein Jahr später erschien der 2. Band mit den Themen Domimmunität, Marktlage, Rathaus; der 3. Band von 1934 behandelt die Bürgerhäuser und Adelshöfe bis zum Jahre 1700. Band 4 folgte 1935 mit den profanen Bauwerken seit 1701; 1937 erschien der 5. Band, der ausschließlich dem Dom gewidmet ist, im Kriegsjahr 1941 erschien der 6. und letzte Band mit dem Verzeichnis der Kirchen und Kapellen der Stadt.

In der Ausstellung wird Geisbergs Arbeitsweise bei der Inventarisierung der Denkmäler am Beispiel des Hauses Prinzipalmarkt 27 erläutert. Die Ordnung der Häuser geschah in den ersten Bänden nach örtlichen Gesichtspunkten, im 3. Band ging Geisberg zu einer zeitlichen Reihenfolge über. Besondere Bedeutung maß er dem Abbildungsmaterial bei. Fotos werden von Grundrissen und Rekonstruktionen begleitet, um dem Inventar nicht

»die Form eines reichen Bilderbuches mit wenig Text ... zu geben«, sondern über »die in Strichätzung wiedergegebenen geometrischen Aufmessungen« dem Wissenschaftler »Auskunft über jede Einzelheit und die wirklichen Maße und Verhältnisse«[2] geben zu können. Die Beschreibung der einzelnen Objekte beginnt mit Hinweisen auf die jeweilige Quellenlage und Erwähnung in den Archiven. Besitzer, Mieter oder Bewohner werden aufgeführt, wo dies möglich ist. Diesen kleingedruckten einführenden Angaben folgt die eingehende Beschreibung des Objektes, die durch zahlreiche Abbildungen unterstützt wird. In der Beschreibung sind der klare wissenschaftliche Verstand und das geschulte Auge Geisbergs immer zu erkennen, durch den ganzen Text hindurch zieht sich jedoch nicht minder deutlich die Verbundenheit Max Geisbergs mit seiner Heimatstadt Münster.

Mit der Drucklegung des 6. und letzten Bandes 1941 besaß die Stadt Münster wenige Monate vor den unwiederbringlichen Verlusten durch die Bombenangriffe eine komplette inventarmäßige Beschreibung ihrer Bau- sowie ihrer Kunstdenkmäler. Auf die außergewöhnlichen Besonderheiten von Inventarwerk und Autor weist eine, bereits 1937 aus Anlaß der Herausgabe des 5. Bandes erschiene Buchbesprechung in der Fachzeitschrift »Deutsche Kunst und Denkmalpflege« hin. Dort heißt es: »Ganz gewiß kann keine Stadt sich einer so monumentalen Darstellung rühmen, nur wenige wohl einer solchen Persönlichkeit, wie Max Geisberg ... es ist direkt bewundernswert, wie er den gewaltigen Stoff, der nicht nur Bau und Ausstattung selbst, sondern auch die Schriftquellen und das überaus umfängliche Schrifttum neuester Zeit darbietet, gliedert und die schwierigsten bau- und kunstgeschichtlichen Probleme in kristallischer Klarheit zu lösen versteht. Ich finde kein anderes Wort: Tiefe Erfurcht erfüllt mich vor diesem ebenso gelehrten wie lebendigen Werk."[3]

Max Geisberg war bereits 1934 von den Nationalsozialisten zunächst »beurlaubt« und später in den Ruhestand versetzt woden. Durch die Auswirkungen des Krieges wurde er jedoch 1940 erneut Leiter des Museums und organisierte, zunächst widerstrebend, unter den kriegsbedingten großen organisatorischen Schwierigkeiten die Auslagerung der Museumsbestände.

Die Zerstörung der Stadt Münster erlebte Max Geisberg nicht mehr, Anfang Juni brach er auf dem Domplatz zusammen und starb am 5. Juni 1943, nur wenige Wochen vor dem Beginn des schweren Bombenangriffes vom 10. Oktober 1943.

[1] Max Geisberg: Bau- und Kunstdenkmäler von Westfalen. Die Stadt Münster, 1. Teil. Münster 1932, Seite V.
[2] Max Geisberg: a.a.O. 3. Teil, Seite VIII.
[3] Deutsche Kunst und Denkmalpflege. Deutscher Kunstverlag, Berlin und Wien, Jahrgang 1937, Seite 218.

19–28 Das Inventarwerk

Anhand der Darstellung des Hauses »Prinzipalmarkt 27« im Inventarwerk mag beispielhaft die Arbeitsweise von Max Geisberg deutlich werden. Das Haus ist in Band 3, Seite 111–115 beschrieben, der Text ist durch ein Foto und zwei Rekonstruktionszeichnungen ergänzt. Die von Geisberg benutzte Aufnahme befindet sich im westfälischen Denkmalamt (Kat.-Nr. 20). Sie stammt aus dem Jahre 1864, Geisberg zog diese Aufnahme einem zeitgenössischen Foto vor (Kat.-Nr. 21). Unter der fettgedruckten Zeile mit der Nennung des Hauses befinden sich Hinweise auf die Registrierung des Hauses bei älteren Hauszählungen. »Geschichtliches« ist der folgende kleingedruckte Absatz überschrieben. Hier wird die Geschichte des Hauses in Archiven und Quellen verfolgt. Besitzer oder Bewohner, Rentenurkunden, Hausbriefe, Schätzungsregister, Straßenaufmessungen und Kataster sowie städtische Bauakten werden erwähnt. Ein Verzeichnis der Abbildungen und der Literatur führt über zu der eigentlichen Erläuterung. Baubeschreibung, spätere Veränderungen, Proportionen und Maßverhältnisse der Front, Bauschmuck und Vergleiche mit anderen Gebäuden sind in der Erläuterung zu finden. Neben dem von Max Geisberg benutzten Foto (für den Druck wurde es geringfügig retuschiert) zeigt die Ausstellung auch Geisbergs Rekonstruktion der Ostfront (Kat.-Nr. 20, 24). Max Geisbergs Sohn und sechs weitere Architekten unterstützten ihn bei der Anfertigung von Rekonstruktionen und Aufrißzeichnungen. Wie Geisberg im Katalog zu der 1920 stattgefundenen Ausstellung »Aufnahmen münsterischer Kunstdenkmäler« erläutert, war bei Rekonstruktionszeichnungen grundsätzlich der ursprüngliche Zustand maßgeblich.

Eine große Anzahl der für den späteren Druck angefertigten Originalzeichnungen weisen Geisbergs Bleistiftkorrekturen auf.
Katalognummer 22 zeigt das völlig zerstörte Haus Prinzipalmarkt 27, Katalognummer 23 gibt einen Eindruck von dem Neubau des Hauses, der erhebliche Vereinfachungen und Veränderungen erkennen läßt.
Die ausgestellten sechs Bände der Bau- und Kunstdenkmäler sind die von Geisberg benutzten Handexemplare (Kat.-Nr. 25). Diese Bände wurden vom Verfasser an verschiedenen Stellen mit Anmerkungen versehen, zahlreiche Zettel und Korrespondenzen im Zusammenhang mit dem Inventarwerk wurden von ihm eingelegt.
Die äußere Gestalt von Max Geisberg hat ein Gemälde (Kat.-Nr. 26) von Hans Schmitz-Wiedenbrück überliefert.
1937 malte Fritz Grotemeyer den Blick vom Stadtweinhaus auf den Prinzipalmarkt, Ecke Michaelisplatz (Kat.-Nr. 27). Den gleichen Blickwinkel hat ein Foto von 1930 (Kat.-Nr. 28). Ohne Geisbergs Inventarisierung würde unsere Kenntnis des alten Münster lückenhaft sein und sich nur auf zufällige Aufnahmen wie diese stützen können.

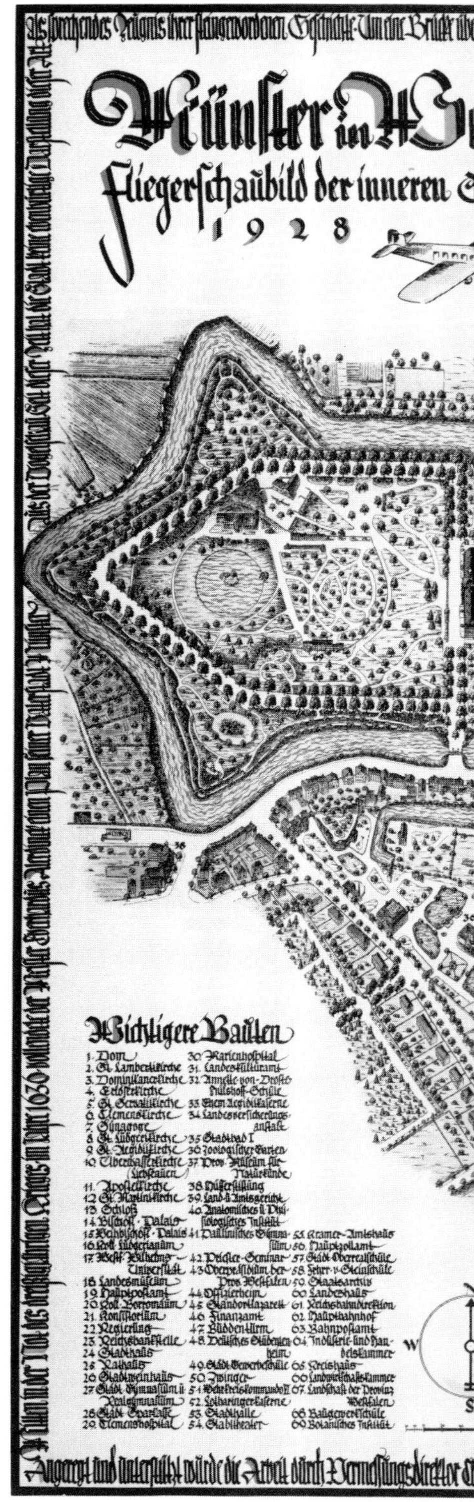

19 Vogelschauansicht 1928

1928 schuf Heinrich Guttermann auf der Grundlage von Luftbildern eine Ansicht der Altstadt Münsters mit dem Schloß. Vorbild war dabei die Vogelschauansicht Everhard Alerdincks aus dem Jahr 1636.

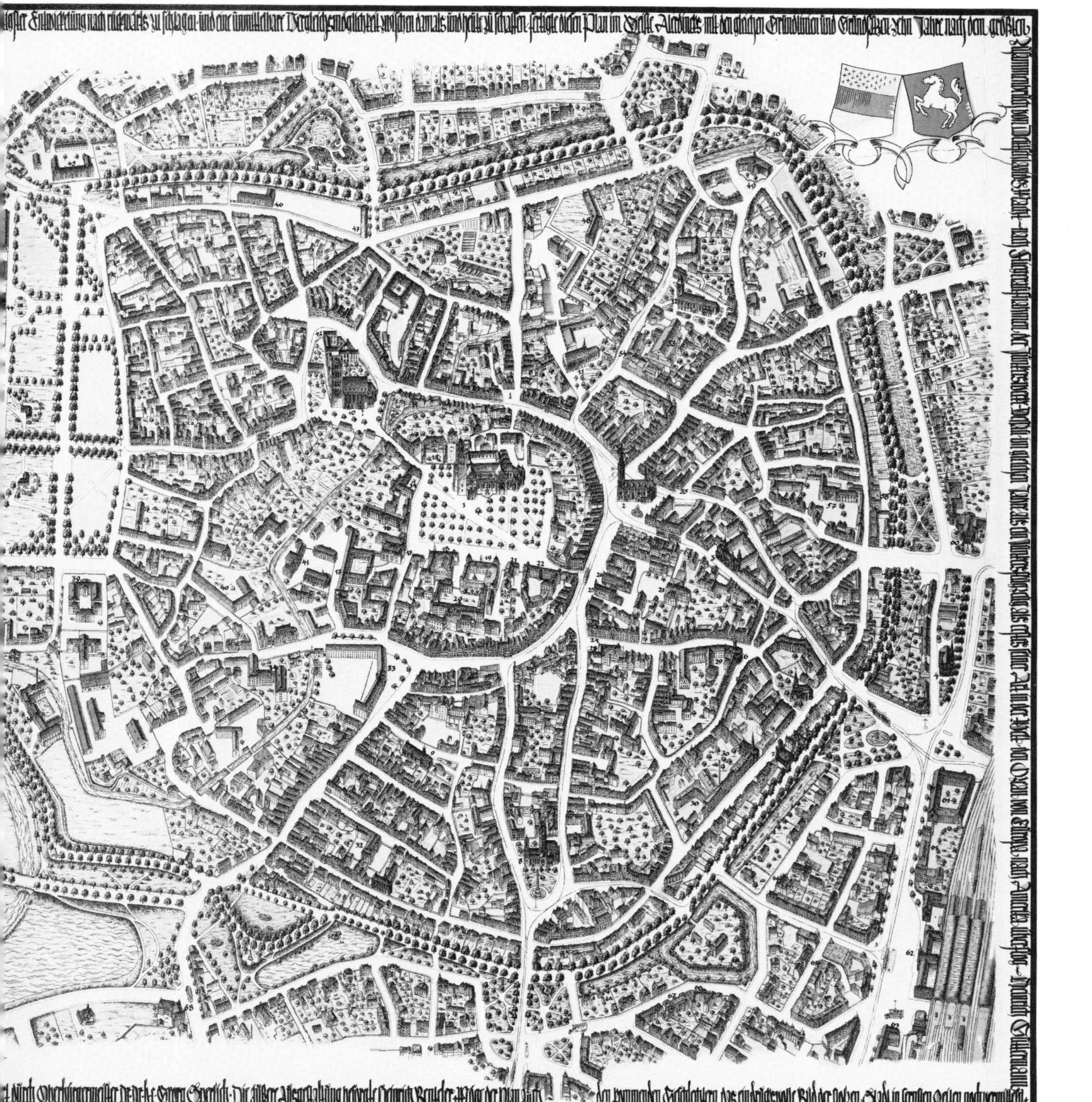
…gster Entwickelung nach rückwärts zu schlagen und eine unmittelbare Vergleichsmöglichkeit zwischen damals und heute zu schaffen, fertigte diesen Plan im Geiste Alerdinck's mit den gleichen Grundlinien und Grundsätzen zehn Jahre nach dem großen
…t durch Oberbürgermeister Dr. h. c. Georg Sperlich. Die äußere Ausgestaltung besorgte Heinrich Bentler. Möge der Plan auch den kommenden Geschlechtern das eindrucksvolle Bild der stolzen Stadt in fernsten Zeiten noch vermitteln.

Kat.-Nr. 20

Kat.-Nr. 21

Kat.-Nr. 22

Kat.-Nr. 23

20 Prinzipalmarkt 27, 1864

Diese Aufnahme des Hauses von 1864 benutzte Max Geisberg in leicht retuschierter Form zur Illustrierung der Beschreibung im 3. Band der Bau- und Kunstdenkmäler der Stadt Münster.

21 Prinzipalmarkt 27, 1903

Das sogenannte »Vormannsche Haus« erhielt bei einer Restaurierung 1899 einen neuen Giebel. Die Fensteranordnung im nördlichen Erdgeschoß wurde verändert, ein weiteres Fenster wurde geschlossen.

22 Prinzipalmarkt 1945/46

Der zerbombte Prinzipalmarkt mit dem völlig zerstörten Haus Nummer 27.

23 Prinzipalmarkt 27, 1968

Das von Geisberg beschriebene Haus nach dem Wiederaufbau mit verändertem Giebel.

Kat.-Nr. 24

24 Fassadenrekonstruktion Prinzipalmarkt 27

Neben der Fotodokumentation maß Geisberg Rekonstruktionszeichnungen der alten Zustände große Bedeutung bei. Diese Zeichnung fand Verwendung im 3. Band der Bau- und Kunstdenkmäler (vgl. Kat.-Nr. 25).

25 Inventarbände

Die ausgestellten sechs Bände sind das Handexemplar von Max Geisberg. Sie wurden von ihm an einigen Stellen ergänzt durch handschriftliche Eintragungen, Rezensionen und Zeitungsausschnitte sowie Korrespondenzen zum Inventarwerk.
Aufgeschlagen ist der dritte der sechs Bände mit der Dokumentation und Beschreibung zum Haus Prinzipalmarkt 27 (vgl. Kat.-Nr. 20/24).

26 Max Geisberg

(1875–1943)
Gemälde (Öl auf Leinwand) von Hans Schmitz-Wiedenbrück, signiert und 1935 datiert. 120,5 x 100 cm.

Kat.-Nr. 26 ▷

Kat.-Nr. 27

27 Prinzipalmarkt 27 mit Umgebung

Gemälde (Öl auf Leinwand) von Fritz Grotemeyer, signiert und 1937 datiert. 85 x 131 cm.
Das Gemälde stellt den seltenen Fall einer künstlerischen Dokumentation eines Vorkriegszustandes dar.

Kat.-Nr. 28

28 Prinzipalmarkt 27 mit Umgebung, 1930

Das von Fritz Grotemeyer gemalte Motiv Prinzipalmarkt – Ecke Michaelisplatz in einem Foto von 1930.

III. Der Weg in den Krieg

Die Ernennung Hitlers zum Reichskanzler am 30. 1. 1933 leitete die Machtergreifung der Nazis ein. Von Berlin aus wurden die alten, demokratisch gewählten Landesregierungen und Stadtparlamente ab- und Nazis eingesetzt, die politischen Parteien bald aufgelöst (»Gleichschaltung«). So auch in Münster, das bis dahin Hochburg der Zentrumspartei gewesen war.
Münster erlebte als »Gauhauptstadt« zahlreiche Aufmärsche und Kundgebungen. Die den Nazis widerstrebenden Münsteraner fanden in der Kirche einen ideologiefreien Raum und in Bischof Galen einen Sprecher.
Die deutsche Aufrüstung führte seit 1935 auch in der traditionsreichen Garnisonsstadt Münster zum Bau neuer Kasernen. Die Kriegsvorbereitungen liefen noch auf vollen Touren, als Hitler am 1. September 1939 die Wehrmacht in Polen einmarschieren ließ und damit den Zweiten Weltkrieg auslöste. Die Entfesselung des Zweiten Weltkrieges durch Adolf Hitler war die Erstursache für alles Leid und alle Zerstörung im Krieg.

29 Reichstagswahlen

Ergebnisse der Reichstagswahlen 1924–1933 im Deutschen Reich und in Münster
Schaubild, Entwurf: Stadtmuseum
Münster war eine Hochburg der katholischen Zentrumspartei. Bei den Wahlen seit 1920 bis zum 5. 3. 1933 erhielt das Zentrum regelmäßig rund 30 000 Stimmen. Der Anteil der NSDAP lag in Münster stets deutlich unter dem Reichsdurchschnitt.
Die Gewinne der NSDAP sind vor allem der steigenden Wahlbeteiligung zuzuschreiben. Es gelang den Nazis, viele unpolitische Menschen anzusprechen und zu mobilisieren, die früher nicht gewählt hatten. Jetzt wählten sie nationalsozialistisch.

30 Kommunalwahlen

Sitzverteilung der Stadtverordnetenversammlung in Münster 1924–1933
Schaubild, Entwurf: Stadtmuseum
Unter dem Eindruck der Reichstagswahl erlebte Münster am 12. 3. 1933 bei der Stadtverordnetenwahl einen politischen Erdrutsch. Die Zentrumspartei verlor ihre absolute Mehrheit; die NSDAP wurde mit 40,2 Prozent der Stimmen stärkste Partei.
Am 1. 1. 1934 wurde das Stadtparlament von den Nazis abgeschafft und aufgelöst.

31 Der »Tag von Potsdam«

Hitler kam an die Macht, als die deutschnationalen Konservativen ihn für ihre Absichten einspannen wollten, ohne seine Energie und Verschlagenheit richtig einzuschätzen. Der Händedruck zwischen Hitler und Hindenburg am »Tag von Potsdam« (21. März 1933) sollte das Bündnis der neuen nationalen Bewegung mit den alten, nationalkonservativen Kräften sinnfällig machen.

Kat.-Nr. 30 ▷

MÜNSTERS STADTVERORDNETENVERSAMMLUNG 1924 - 1933

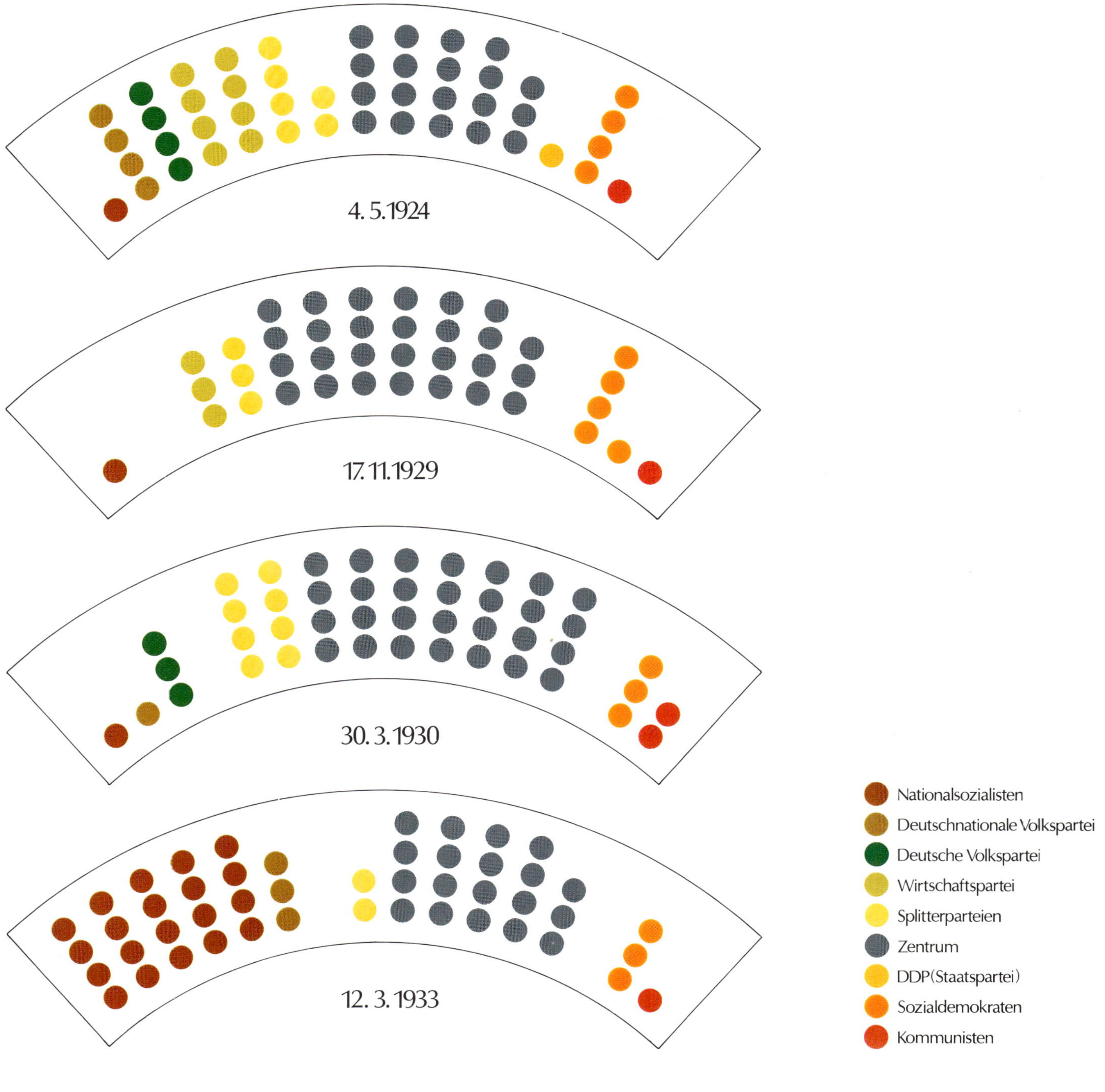

Dethlefs / Zerbe

ERGEBNISSE DER REICHSTAGSWAHLEN

SITZVERTEILUNG IM REICHSTAG

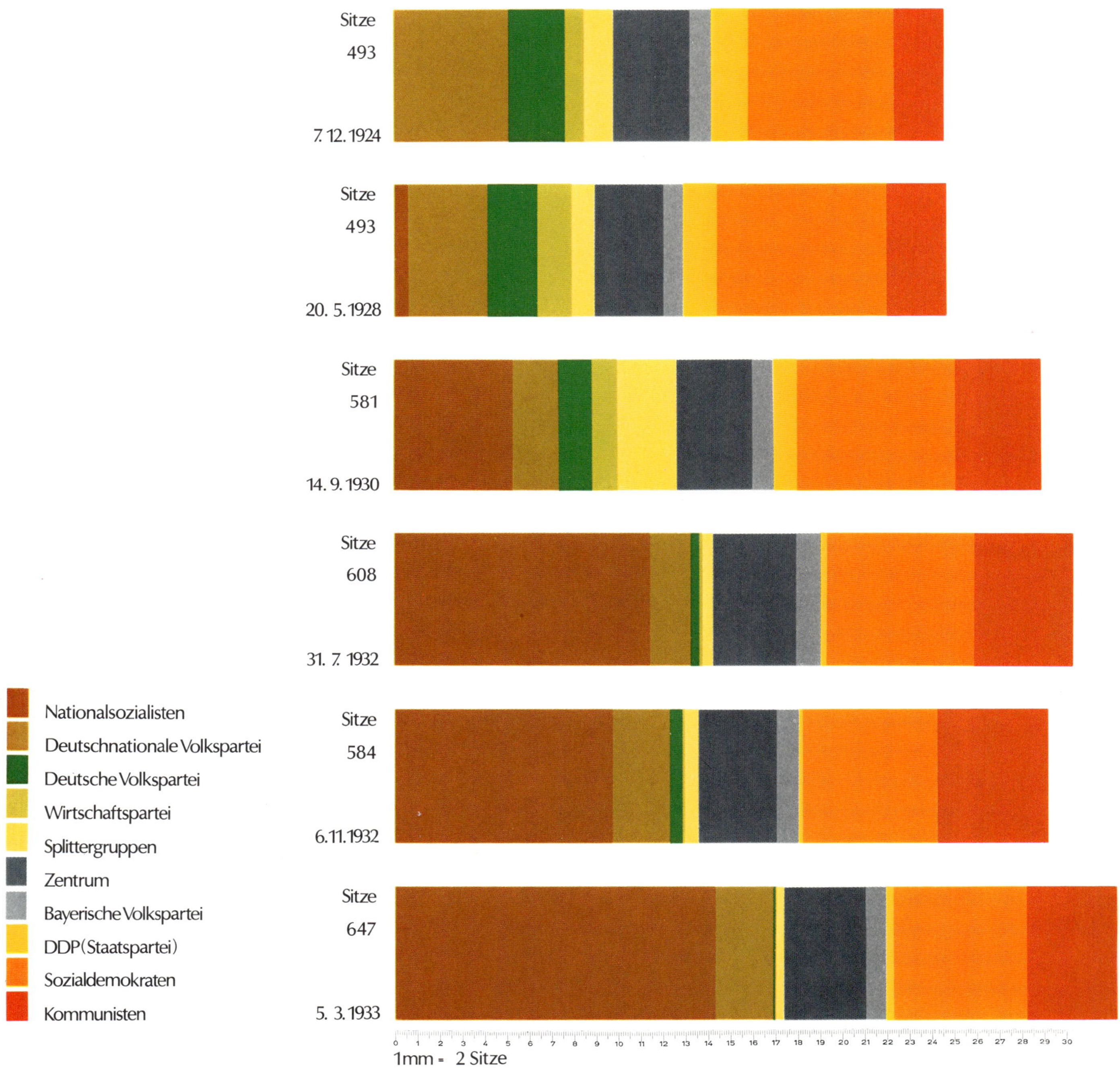

1924 BIS 1933

STIMMEN IM WAHLBEZIRK MÜNSTER

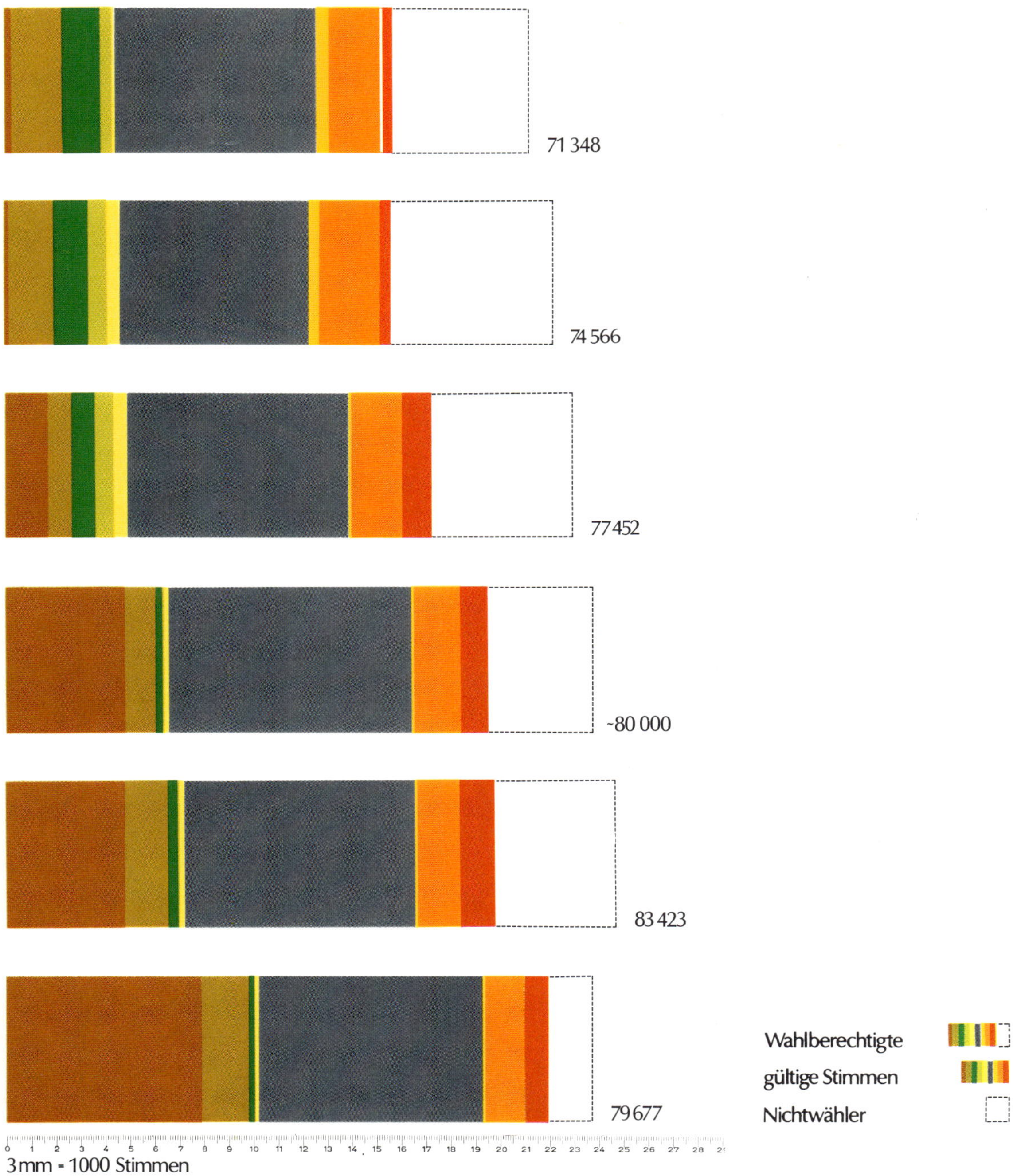

Kat.-Nr. 29

32 Die »Machtergreifung« in Münster

Bei der feierlichen Einführung der Stadtverordneten am 3. 4. 1933 wurde der Steueroberinspektor Hillebrandt (NSDAP) als Angehöriger der stärksten Fraktion zum Stadtverordnetenvorsteher gewählt. Sechs Wochen später setzte der preußische Innenminister Göring im Zuge der Gleichschaltung die Magistratsbeamten ab, die auf 12 Jahre gewählt gewesen waren. Hillebrandt wurde zum kommissarischen Bürgermeister ernannt.
Das Foto zeigt Hillebrandt (stehend) neben den Magistratsbeamten. Links sitzt die NSDAP-Fraktion, rechts die Zentrumsvertreter, im Vordergrund links die Stadtverordneten der SPD.

33 Großkundgebung in der Halle Münsterland

34 W. Mallek: Prinzipalmarkt 1938

Der »Gauhauptstadt Münster« blieben Hakenkreuze nicht erspart. Der Prinzipalmarkt ist auf dieser Phantasiezeichnung mit Hakenkreuzfahnen verhängt.

Kat.-Nr. 33

Kat.-Nr. 32

35 Clemens August Graf von Galen

(1878–1946) Bischof von Münster (seit 1933), Kardinal seit 1946

Seit 1933 besaß Münster einen neuen Bischof: Clemens August Graf Galen. Er galt als nationalkonservativ, so daß die neuen Machthaber durchaus mit seiner Wahl einverstanden waren. Doch schon bald wurde er zu einem erbitterten Gegner des NS-Regimes.

Das Portrait zeigt ihn am Schreibtisch sitzend, Fotos von den ersten Zerstörungen des Doms betrachtend (1941).

36 Fronleichnamsprozession 1936

Viele Münsteraner, die das NS-Regime ablehnten, suchten bei der Kirche Zuflucht vor dem totalitären Staat. Prozessionen wurden zu Demonstrationen einer geistigen Emigration.

Kat.-Nr. 36

Kat.-Nr. 35

37 Proklamation der deutschen Wehrhoheit

Titelseite der »National-Zeitung«, dem Organ des NSDAP-Gaus Westfalen Nord.
Am 16. März 1935 verkündete Hitler die Wiederherstellung der deutschen Wehrhoheit, die der Versailler Vertrag (1919) drastisch beschnitten hatte. Zugleich wurde die allgemeine Wehrpflicht eingeführt.

38 Einstimmung auf den Krieg

Bildplakat mit Darstellung von Maschinengewehrschützen »Deutsche Wehr im Dienst der Volkswohlfahrt! Militärische Vorführungen aller Waffengattungen und Musikkorps des Standortes Münster zum Besten des ›Hilfswerkes Mutter und Kind‹ der NS-Volkswohlfahrt, veranstaltet von der Kommandantur Münster«, Halle Münsterland, 30./31. März (1935)
Zweifarbendruck. Herstellung: Fried. Wilh. Ruhfus, Dortmund; Entwurf: Aurich, Dortmund; Herausgeber: NSDAP, Amt für Volkswohlfahrt des Gaues Westfalen-Nord, Münster.
84 x 59 cm
Das Plakat, entworfen von einem bekannten Plakatdesigner der NS-Bewegung, belegt, wie Parteiorgane die Reichswehr für ihre Propagandaveranstaltungen vereinnahmten.

39 Kasernenbauten in Münster 1936–1940

a) Nachrichtenabteilung 16 an der Grevener Straße
b) Flakregiment 34 an der Roxeler Straße
c) Standortlazarett an der von-Esmarch-Straße
d) Luftgaukommando VI am Hohenzollernring

Schon vor 1933 war Münster eine der größten deutschen Garnisonsstädte und Sitz wichtiger Kommandobehörden. Im Zuge der Aufrüstung entstanden weitere Bauten, die vielfach den Zweiten Weltkrieg überdauert haben.

40 Hitlers Reichstagsrede am 1. 9. 1939

Nachdem Hitler mit Stalin einen Vertrag über die Aufteilung Osteuropas geschlossen hatte, ließ er am 1. September 1939 die Wehrmacht in Polen einmarschieren. Daraufhin erklärten Frankreich und England am 3. September dem Deutschen Reich den Krieg.

41 Münstersche Zeitung 1. September 1939

Münstersche Zeitung

Münsterländischer Heimat-Anzeiger

Der Bezugspreis beträgt monatlich: durch unsere Boten 1.86 RM., im Postbezug (einschl. 32,88 Pfg. Postzeitungsgebühr) 1.85 RM., hierzu 36 Pfg. Postbestellgeld. Einzelpreis 10 Pfg. Die „MZ" wird in Münster siebenmal, im Postbezug und auswärts sechsmal wöchentlich zugestellt. Die Behinderung der Lieferung der „MZ" rechtfertigt keinen Anspruch auf Nachlieferung der Zeitung oder Rückzahlung des Bezugspreises

Der Anzeigenpreis beträgt für die 22 mm breite Millimeterzeile 5 Pfg., bei Familienanzeigen 4,5 Pfg. und bei den Textanzeigen (69 mm breit) 45 Pfg. Nachlaß nach Preisliste, bei Konkurs und Zwangsvergleich erlischt jeder Nachlaßanspruch. Erfüllungsort ist Münster (Westf.). Verlag Münstersche Zeitung Verlagsgesellschaft Fahle, Münster (Westf.), Neubrückenstraße Nr. 11, Fernruf Nr. 26244, 26245, 26246, Postscheckkonto Köln Nr. 6330

Geschäftsstellen der „MZ" in Münster (Westf.), Drubbel 20; in Greven, Marktstraße 20; in Bergborst, Straße der SA. 60; in Emsdetten, Winkelstraße 3; in Rheine, Ibbenbürener Straße 12

69. Jahrgang Nr. 239 | Freitag, den 1. September 1939 | Erstes Blatt

Kampf um den Frieden im Osten

Der Führer spricht im Reichstag zum deutschen Volk — Deutschlands friedliche Vorschläge mit verstärktem Terror beantwortet — Vermittlungsvorschläge gescheitert — Die Frage Danzigs und des Korridors muß gelöst werden — Seit 5,45 Uhr wird zurückgeschossen — Des Führers Appell an sein Volk

Kat.-Nr. 41

Kat.-Nr. 39

IV. Bomber gegen Münster

Münster war mehr als einhundert Mal Ziel alliierter Luftangriffe. Die Abteilung zeigt unter anderem die am häufigsten zum Einsatz gebrachten Flugzeuge und gibt einen Überblick über die abgeworfenen Bombentypen.

42 Münster: General Description

Kurzbeschreibung der Stadt Münster aus den Akten der zentralen Einsatzstelle (Bomberkommando) der Britischen Luftwaffe. Nach diesem Text war Münster der RAF besonders als Verkehrsknoten wichtig.

43 Münster als Verkehrsknoten

Karte
Die Karte versucht, die verkehrsstrategische Bedeutung Münsters zu veranschaulichen. Straßen, Eisenbahnen und Wasserwege laufen auf Münster zu. Die Stadt ist Zentrum des Verkehrs für das Münsterland und die angrenzenden Gebiete.

44 Aufklärungsfoto

vom 5. 9. 1940
Unten links die Altstadt. Das Interesse des Aufklärers war auf den Kanal und die Eisenbahnlinien gerichtet.

45 Englische Flughäfen

Karte
87,5 x 63 cm
Die Karte zeigt die Einsatzhäfen, von denen aus alliierte Bombergruppen ihre Angriffe gegen Münster flogen.

46 Flugblätter

Flugblätter waren als Propagandamaterial zugleich Mittel der psychologischen Kriegsführung. Die ausgestellten englischen und amerikanischen Flugblätter wurden im Zeitraum von 1939 bis 1945 über Münster abgeworfen.

47–53 Bombertypen

Die am häufigsten eingesetzten Bombertypen der englischen und amerikanischen Luftwaffe.

47 RAF Boston-Bomber

48a Boeing B-17 G »Fliegende Festung« (USAAF)

viermotorig, Motorleistung 4 x 1200 PS
Typisch: Hohes Seitenleitwerk, das allmählich in den Rumpf übergeht; Heckkanzel
Besatzung: 6–10 Mann
Bewaffnung: 7 bewegliche MG-Stände
Länge: 31,6 m
Höchstgeschwindigkeit in 7000 m: 450 km/Std.

Beim Angriff auf Münster am 10. Oktober 1943 wurde ausschließlich dieser Bombertyp eingesetzt.

48b Boeing B-17 beim Bombenabwurf

Kat.-Nr. 48c

48c Boeing B-17 in Abwehrformation beim Rückflug von Münster (11. November 1943)

49 B-25 (USAAF)

50 Vickers Wellington (RAF)

Aufklärer und Bomber
Einsatz: 1939–1945
Produktion: 11 461 Stück
Besatzung: 6 Mann
Bewaffnung: 6 x 7,7-mm-Maschinengewehre
Triebwerke: 2 x Doppelsternmotoren, 1590 PS
Höchstgeschwindigkeit: 408 km/h
Reichweite: 2120 km
Spannweite: 26,25 m
Fluggewicht: 14 300 kg
Bombenzuladung: 2720 kg
Modell 1 : 100

51 Consolidated B-24 Liberator (USAAF)

Fernbomber
Einsatz: 1941–1945
Produktion: 18 188 Stück
Besatzung: 12 Mann
Bewaffnung: 10 x 12,7-mm-Maschinengewehre
Triebwerke: 4 x Doppelsternmotoren, 1200 PS
Höchstgeschwindigkeit: 480 km/h
Reichweite: 3400 km
Spannweite: 33,55 m
Fluggewicht: 25 000 kg
Bombenzuladung: 5450 kg
Modell 1 : 100

52 Short Stirling (RAF)

Schwerer Nachtbomber
Einsatz: 1940–1945
Produktion: 2375 Stück
Besatzung: 7 Mann
Bewaffnung: 8 x 7,7-mm-Maschinengewehre
Triebwerke: 4 x Doppelsternmotoren, 1590 PS
Höchstgeschwindigkeit: 416 km/h
Reichweite: 3090 km
Spannweite: 30,22 m
Fluggewicht: 27 000 kg
Bombenzuladung: 6350 kg
Modell 1 : 100

53 Douglas A-20 Boston (USAAF)

Leichter Bomber
Einsatz: 1941–1945
Produktion: 7385 Stück
Besatzung: 3 Mann
Bewaffnung: 5 x 12,7-mm-Maschinengewehre
Triebwerke: 2 x Doppelsternmotoren, 1600 PS
Höchstgeschwindigkeit: 509 km/h
Reichweite: 1640 km
Spannweite: 18,77 m
Fluggewicht: 10 900 kg
Bombenzuladung: 908 kg
Lieferungen erfolgten an Rußland (3000 Stück) und an England (455 Stück)
Modell 1 : 100

54 Ein schwerer Blindgänger (Luftmine) wird geborgen

Kat.-Nr. 54

54a Entschärfung einer Bombe

55 Bomben

Eine Auswahl der von den Alliierten am häufigsten verwendeten Spreng- und Brandbomben.
Die gezeigten Exemplare wurden über Münster abgeworfen. Es handelt sich um Blindgänger, die nach dem Krieg vom Kampfmittelräumdienst entschärft und geborgen wurden.

a) GB Stabbrandbombe Incendiary 4 lbs, Gesamtgewicht 1,7 kg
b) GB Brandbombe Incendiary 30 lbs, Gesamtgewicht 11,3 kg
c) GB Splitterbombe Fragmentation 20 lbs, Gesamtgewicht 8,5 kg, Sprengstoffgewicht 1,5 kg
d) GB Sprengbombe General Purpose 250 lbs, Gesamtgewicht 110 kg, Sprengstoffgewicht 30 kg
e) GB Sprengbombe 500 lbs, Gesamtgewicht 210 kg, Sprengstoffgewicht 70 kg
f) USA Sprengbombe General Purpose 100 lbs, Gesamtgewicht 45 kg, Sprengstoffgewicht 23 kg
g) USA Sprengbombe 150 lbs, Gesamtgewicht ca. 70 kg, Sprengstoffgewicht ca. 37 kg
h) USA Splitterbombe Fragmentation 260 lbs, Gesamtgewicht 117 kg, Sprengstoffgewicht 24 kg
i) Schwere amerikanische Bombe
k) Luftmine

56 Zünder

Die Zündsätze der Bomben wurden im Laufe des Krieges immer komplizierter. Die Entschärfung sollte unmöglich gemacht werden. Es wurden Langzeitzünder entwickelt, die erst einige Zeit nach dem Aufschlag die Bombe zur Explosion brachten. Damit sollte Unsicherheit und gegebenenfalls Panik hervorgerufen werden, um Rettungs- und Aufräumarbeiten zu behindern.

a) GB Bodenaufschlagzünder Nr. 28
b) GB Kopfaufschlagzünder Nr. 846
c) GB Bodenlangzeitzünder Nr. 37 mit Ausbausperre
d) GB Bodenlangzeitzünder Nr. 17
e) GB Bodenlangzeitzünder Nr. 53
f) USA Bodenaufschlagzünder M 100 – M 102
g) USA Kopfaufschlagzünder M 103
h) USA Bodenlangzeitzünder M 123 – M 125

V. Luftschutz und Luftabwehr

Die Bevölkerung konnte sich aus eigenem Vermögen nur mit einfachen Mitteln schützen (Herrichtung von Kellerräumen zu Schutzräumen, Bereitstellen von Löschmitteln). Wirksame öffentliche Schutzmaßnahmen erfolgten erst ab 1942/43 mit dem Bau von Luftschutzbunkern. Ebenfalls zu dieser Zeit wurde die Luftabwehr (Flak und Jagdflugzeuge) verstärkt.

57 Verdunkeln

Plakat 1939
59 x 42 cm
Durch »Verdunkeln« aller Lichtquellen hoffte man, zielgenaue Bombardierungen zu verhindern.

58 Münstersche Zeitung vom 1. 10. 1942

Anzeige für die von jedem Haushalt anzuschaffenden Löschsandbeutel zur Bekämpfung von Phosphorbomben.

59 Luftschutz in Münster

Karte
73,5 x 72,5 cm

60 Luftwarnkarte

Die Einflugrouten der angreifenden Bomber wurden von militärischen Beobachtungsstellen festgestellt und für Zwecke der Abwehr nach dem Kode dieser Karte verschlüsselt über Rundfunk bekanntgegeben. Die Stadt Münster hatte die Kodebezeichnung Ida-Quelle-Zwo. Die in den Raum Münster ausstrahlenden Sender standen in Saerbeck (Primadonna) und Rheda-Wiedenbrück (Rheinsalm).

Kat.-Nr. 57

61 Nachbau einer Bunkerzelle

61a Schutzraumordnung

61b Notbetten

61c Luftschutzhelm

61d Luftschutzeinstellspritze

61e Volksgasmaske

61f Gasbettchen

62 Polizeiliche Verpflichtung zum Luftschutzdienst

Nach dem Luftschutz-Gesetz von 1935 konnte jeder zu Dienstleistungen für den Luftschutz einberufen werden.

63 Eilnachricht

13,3 x 10 cm
Nach Luftangriffen waren oft die Telefonverbindungen gestört. Mit einer sogenannten »Eilnachricht« konnte man Angehörigen Lebenszeichen geben.

64 Sonderbezugsscheine

7 x 11,7 cm
Im Rahmen der allgemeinen Plan- und Zuteilungswirtschaft wurden »Ausgebombten« »Sonderbezugsscheine« zur Warenbeschaffung ausgestellt.

65 Deckungsgraben vor dem Dom

66 Behelfsbunker am Marienplatz

Wie hier am Marienplatz wurden an verschiedenen Stellen der Stadt Unterstände errichtet. Sie schützten allenfalls gegen Bombensplitter. Am 10. 10. 1943 wurde dieser Bunker vielen Menschen zum Verhängnis.

67 Evakuierungsaufruf

68–69 Kinderlandverschickung (KLV)

Kinder und Jugendliche wurden als erste aus den bombardierten Städten evakuiert und in Jugendlager gebracht, deren Leitung die Hitlerjugend übernahm: Aus der Schutzmaßnahme wurde zugleich der Versuch der Indoktrinierung.

Kat.-Nr. 66

Kat.-Nr. 71

70 Von-Kluck-Bunker

Die Ansichts- und Aufrißzeichnung gibt einen Eindruck von der Architektur der Hochbunker, mit deren Bau in Münster 1942 begonnen wurde. In der äußeren Gestaltung kommt der Architekturstil des Nationalsozialismus deutlich zum Ausdruck. Im Gegensatz zur Planung wurde jedoch nur der Betonkern ausgeführt.

71 Alarm!

Menschen strömen nach Auslösung des Luftalarms in den Von-Kluck-Bunker. Ihre Blicke suchen schon die angekündigten Bomber. Fahrräder und Kinderwagen mußten draußen bleiben.

72 Einschlag auf dem Von-Kluck-Bunker

Eine Bombe explodierte 1943 auf dem Bunker, richtete aber keinen Schaden an.

73 Treffer im Schützenhofbunker

Nicht immer hielten die Bunker stand. Am 18. November 1944 bohrte sich eine Spezialbombe in den Beton des Schützenhofbunkers und explodierte. 68 Menschen fanden den Tod, viele wurden verletzt.

Kat.-Nr. 73

Kat.-Nr. 74

74–77 Luftwaffenhelfer

Die Fotos zeigen münsterische Schüler als »Flakhelfer« mit Flaksoldaten bei der Ausbildung und im Einsatz.

Kat.-Nr. 78

78–79 »Flak over Münster«

Granaten der münsterischen Flak explodieren in dichter Folge zwischen angreifenden amerikanischen Flugzeugen am 11. 11. 1943.

80 Flakgranaten

81 Flakstellungen in und um Münster

82–85 Deutsche Flugzeuge

82 Messerschmitt Me 109

Jagdflugzeug
Einsatz: 1939–1945
Produktion: 30 573 Stück
Besatzung: 1 Pilot
Bewaffnung: 2 Maschinengewehre, 2 Kanonen 20 mm
Triebwerk: 1 x 1435 PS Daimler Benz
Höchstgeschwindigkeit: 684 km/h
Reichweite: 560 km
Fluggewicht: 3500 kg
Modell 1 : 100

83 Messerschmitt Me 110

Jagdflugzeug und leichter Bomber
Einsatz: 1939–1945
Produktion: 5752 Stück
Besatzung: 2 Mann
Bewaffnung: 2 x 30-mm-MK 108, 2 x 20-mm-MG 151/20 und 2 x 7,9-mm-MG
Triebwerke: 2 x 1450 PS Daimler Benz DB-605
Höchstgeschwindigkeit: 595 km/h
Reichweite: 1000 km
Fluggewicht: 7300 kg
Modell 1 : 100

84 Focke-Wulf FW 190

Jagdflugzeug
Einsatz: 1941–1945
Produktion: 19 999 Stück
Besatzung: 1 Pilot
Bewaffnung: 2 x 13-mm-Maschinengewehre und 4 Kanonen 20 mm
Triebwerk: 1 x 1800 PS BMW 14 Zylinder Doppelstern
Höchstgeschwindigkeit: 715 km/h
Reichweite: 800 km
Fluggewicht: 4430 kg
Modell 1 : 100

85 Dornier Do 217

Jäger und Bomber
Einsatz: 1940–1945
Produktion: 1366 Stück
Besatzung: 4 Mann
Bewaffnung: 5 x 7,9-mm-Maschinengewehre M 615
Triebwerke: 2 x Doppelsternmotoren, 1600 PS BMW
Höchstgeschwindigkeit: 522 km/h
Reichweite: 2400 km
Spannweite: 19,00 m
Fluggewicht: 15 300 kg
Bombenzuladung: 3000 kg
Modell 1 : 100

86 Rettungsversuche

Sofort nach Beendigung eines Angriffes rückten Feuerwehr- und Rettungsmannschaften aus. Hier der Einsatz Mauritzstraße/Alter Steinweg am 23. 3. 1944.

87 Löscharbeiten

Die Feuerwehr löscht in der Rosenstraße nach einem Angriff im Jahr 1943.

88 Suche nach Verschütteten

Nach der Bombardierung des heutigen Johann-Conrad-Schlaun-Gymnasiums am 23. 3. 1944 wurde versucht, unter den Trümmern verschüttete Schüler zu bergen.

Kat.-Nr. 86

Kat.-Nr. 87

Kat.-Nr. 88

VI. Englische Nachtangriffe im Juli 1941

Während zu Kriegsanfang nur Tagesangriffe geflogen wurden, veranlaßten die hohen Verluste die RAF seit 1940 zu Nachtangriffen. Während die Dunkelheit dem Angreifer größeren Schutz bot, lösten die nächtlichen Bombardierungen in der Bevölkerung Panik aus. Viele verließen in ihrer Angst abends die Stadt und verbrachten die Nacht in den umliegenden Ortschaften.

89 Aufklärungsfoto

Foto vom 3. Juli 1941 zur Vorbereitung der Nachtangriffe, die im gleichen Monat erfolgen sollten.

90 Nachtangriff

Von Zielbeleuchtern (»pathfinders«) abgeworfene Leuchtbomben zur Markierung der Zielpunkte erhellen den Nordosten der Stadt.

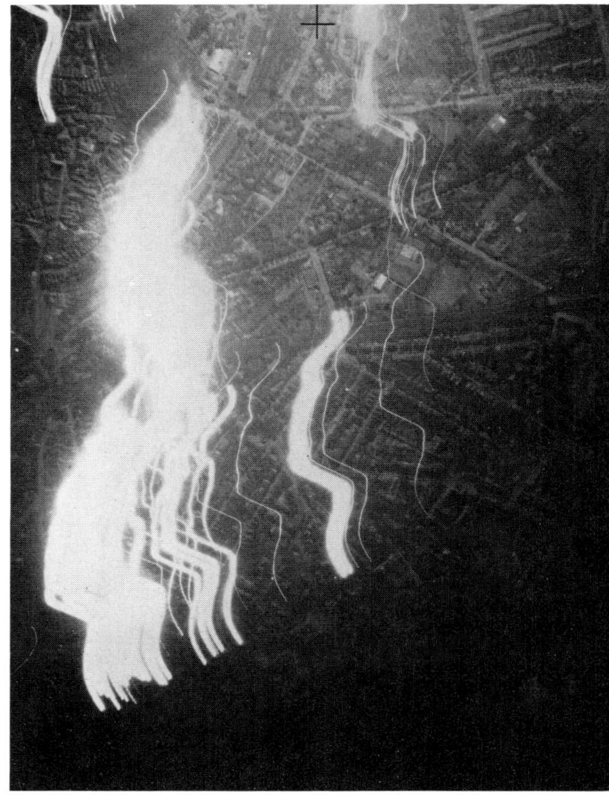

Kat.-Nr. 90

91–92 Am Morgen nach dem Angriff

Telgter Straße
Nordviertel

93 Trefferkarte

Die Karte gibt eine deutliche Vorstellung der massierten Bombenabwürfe im Juli 1941.

Kat.-Nr. 89

Kat.-Nr. 91

Kat.-Nr. 92

FLUGROUTEN DER US-BOMBERVE

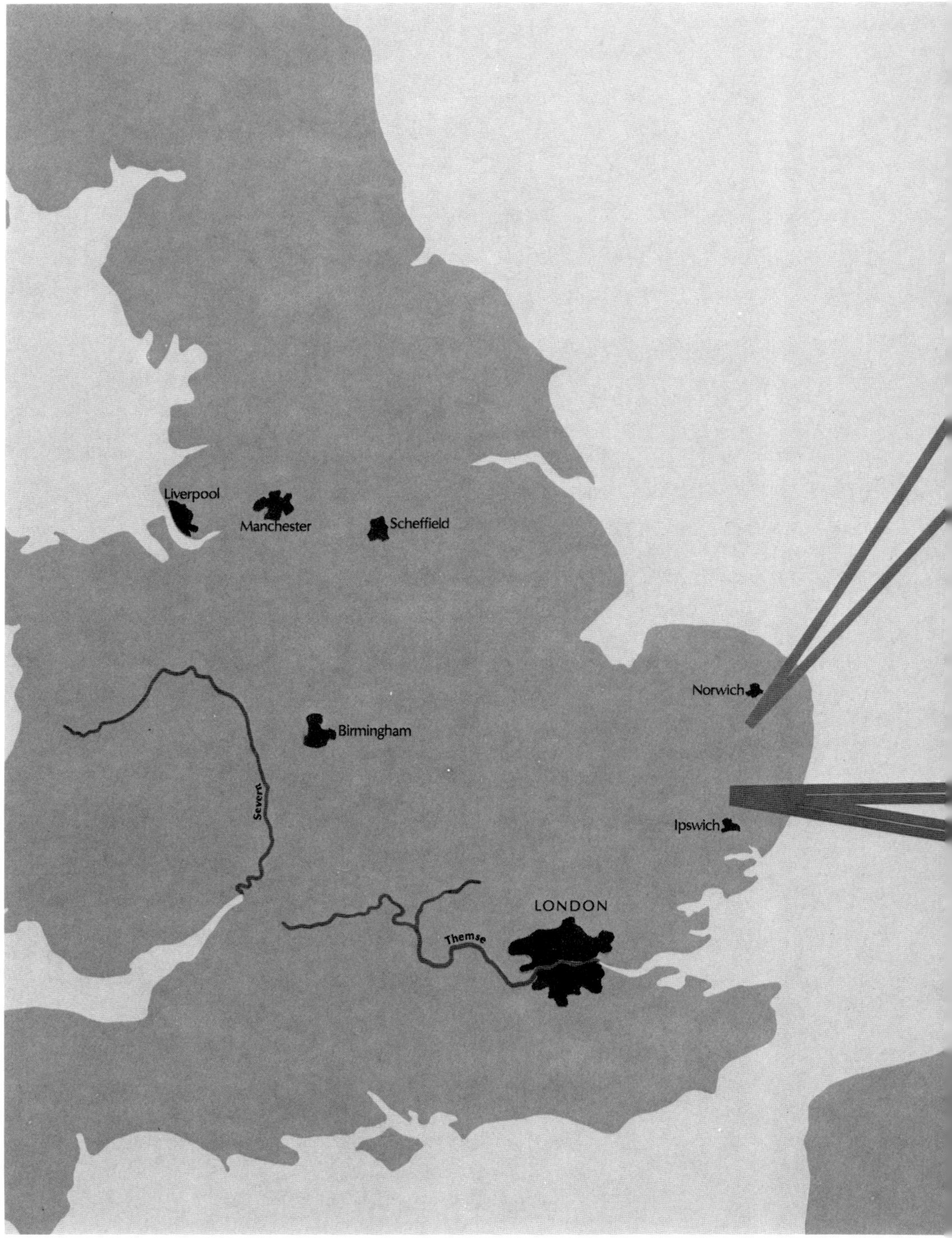

Kat.-Nr. 95

DE AM 10. OKTOBER 1943

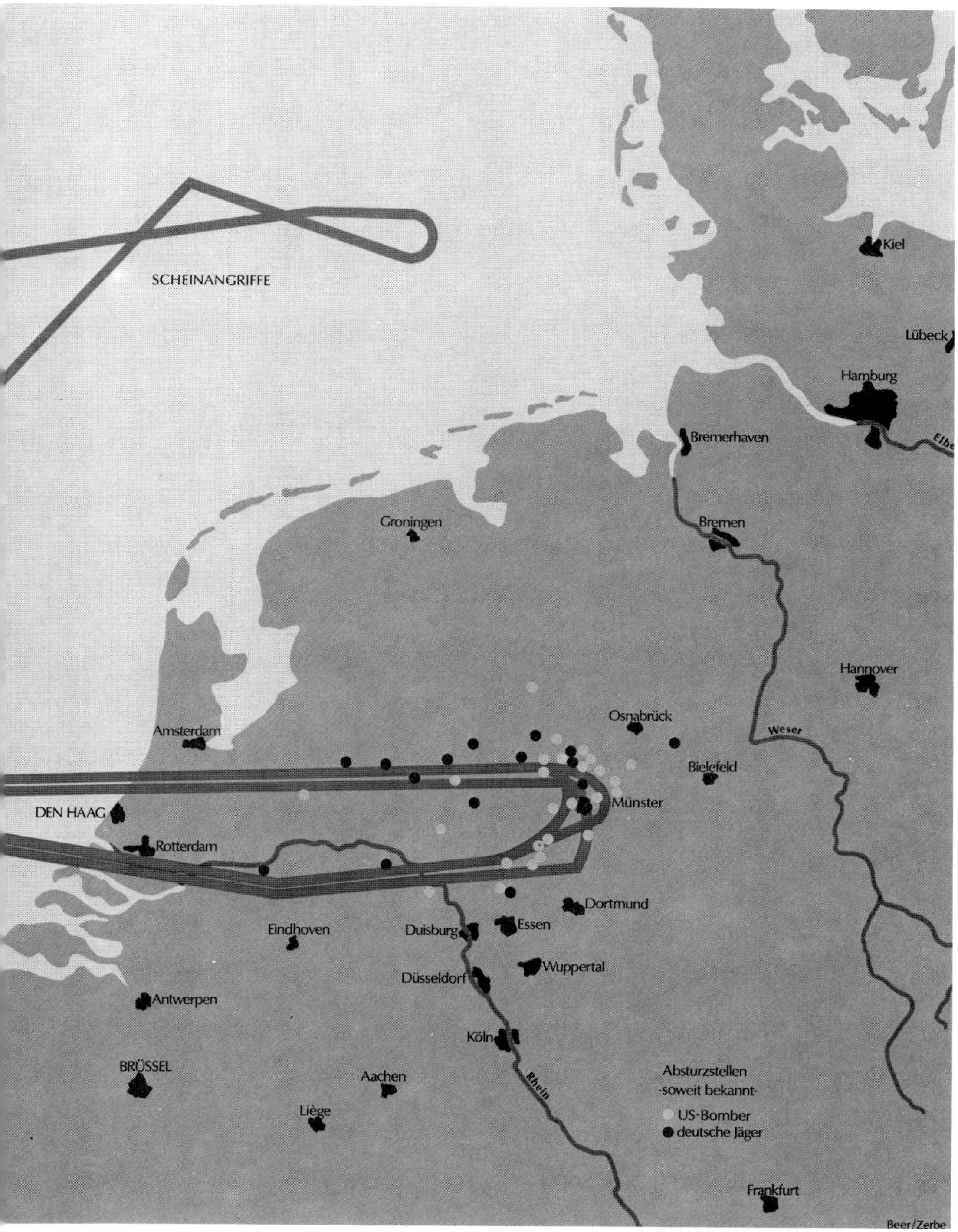

VII. Der 10. Oktober 1943

Die verbesserte Bewaffnung der Bombenflugzeuge der US-Air-Force ermöglichte seit 1943 auch massierte Tagesangriffe. Münster war eines der ersten größeren Ziele in Deutschland für die neue Taktik der Amerikaner. Der Angriff wurde mit ca. 230 Bombern von S O-England mit begleitenden Jagdflugzeugen gestartet. Dieser Jagdschutz kehrte an der deutschen Reichsgrenze um. Beim Anflug der Bombergeschwader von S W auf das Münsterland stießen sie auf Widerstand mehrerer deutscher Jagdstaffeln. Im Bereich der Stadt Münster kam lebhafte Flakabwehr hinzu. Insgesamt wurden mindestens 30 Bomber abgeschossen. Trotzdem wurde der geplante Angriff auf das Stadtzentrum durchgeführt. Er dauerte ca. 15 Minuten. Ein großer Teil der Altstadt wurde zerstört; fast 700 Menschen fanden den Tod.
Von mehr als einhundert Luftangriffen, unter denen Münster zu leiden hatte, lebte dieser Angriff in der Erinnerung aller, die dabei waren, besonders lebhaft fort. Im folgenden werden Verlauf und Folgen des Angriffs in allen Phasen durch Fotos dokumentiert.
Wir erleben den Start der Bomber in England, ihren Anflug, die Tätigkeit der deutschen Luftabwehr, die Bombenwürfe und ihre Wirkung und schließlich die makabren Beisetzungsfeierlichkeiten. Zusammen mit den Augenzeugenberichten (Kat.-S. 43ff.) geben die Fotos eine eindringliche und umfassende Dokumentation des 10. Oktober 1943.

94 Zielpunkt am 10. 10. 1943

»... We learned that our target was to be the front steps of Munster Cathedral.«

95 Flugroute

Die Karte zeigt die Flugroute für den Hin- und Rückflug der Bombergeschwader. Markierungspunkte weisen auf die deutschen bzw. amerikanischen Abschüsse hin.

96 Vor dem Start

Kurz vor dem Start machte eine Crew der 100. Bombergruppe ein Erinnerungsfoto. Drei Stunden später wurde das Flugzeug abgeschossen.

97 Im Anflug

Schon im Anflug wurden die Bomberformationen von deutschen Jagdfliegern (Pfeil) angegriffen.

98–100 Bomben auf Münster

Eine im Bombenschacht montierte Kamera machte die folgende Serie von Aufnahmen. Sie zeigen die Bomben vom Fall bis zur Explosion in der Stadt.

101 Münster brennt

Erste Aufklärungsfotos zeigen die Wirkung des Angriffs.

Kat.-Nr. 97

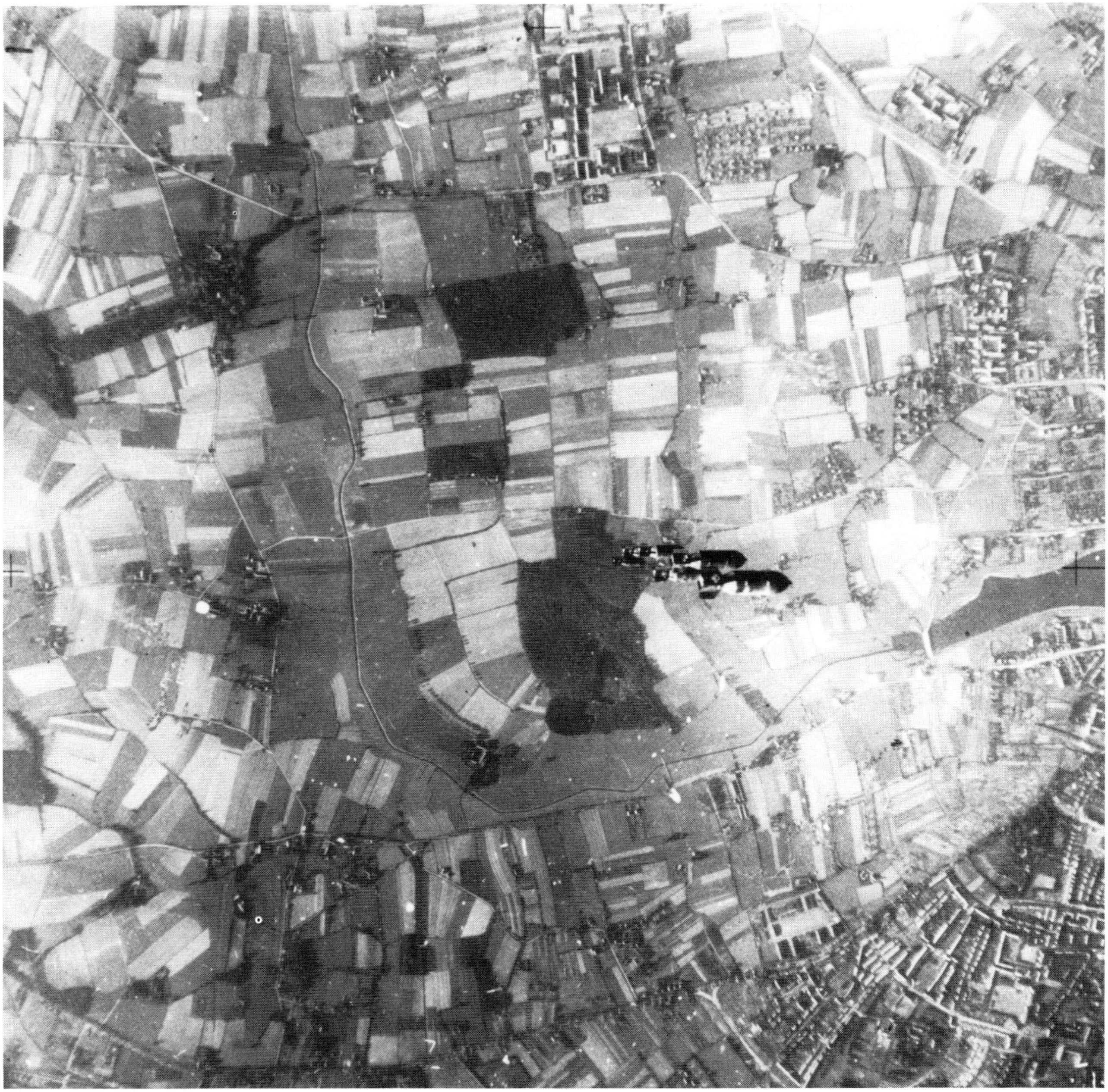

Kat.-Nr. 98

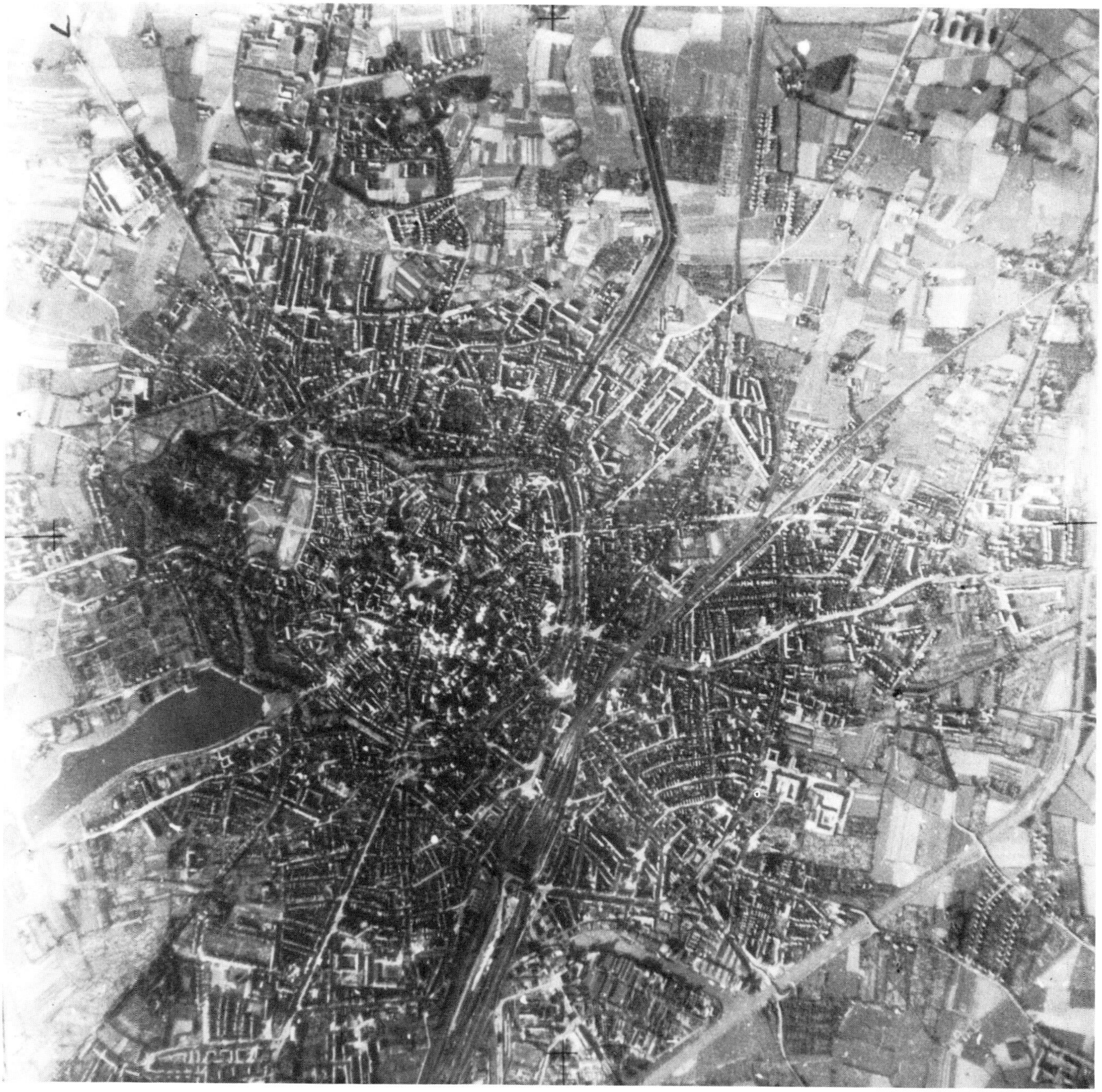

Kat.-Nr. 99

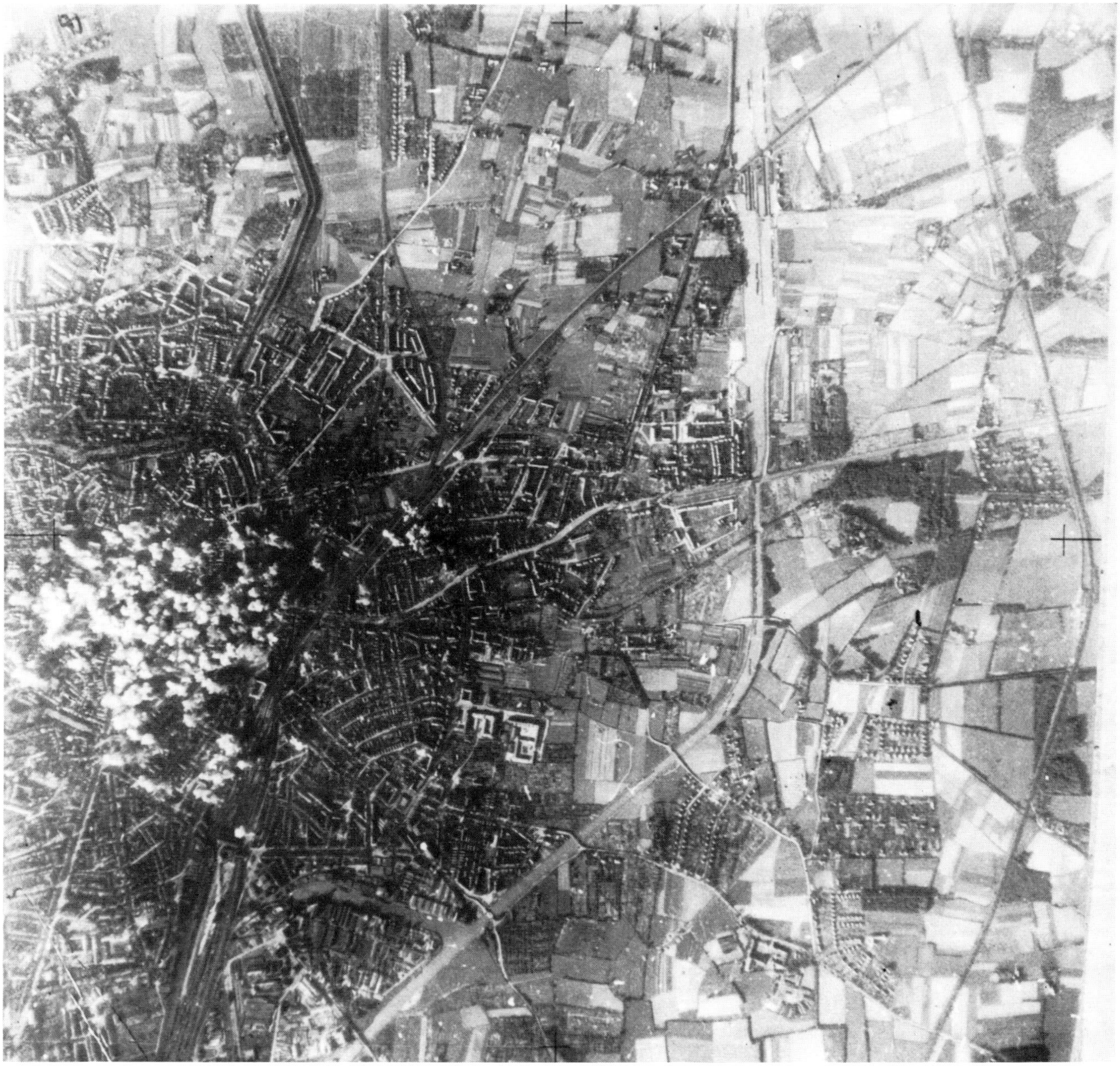

Kat.-Nr. 100

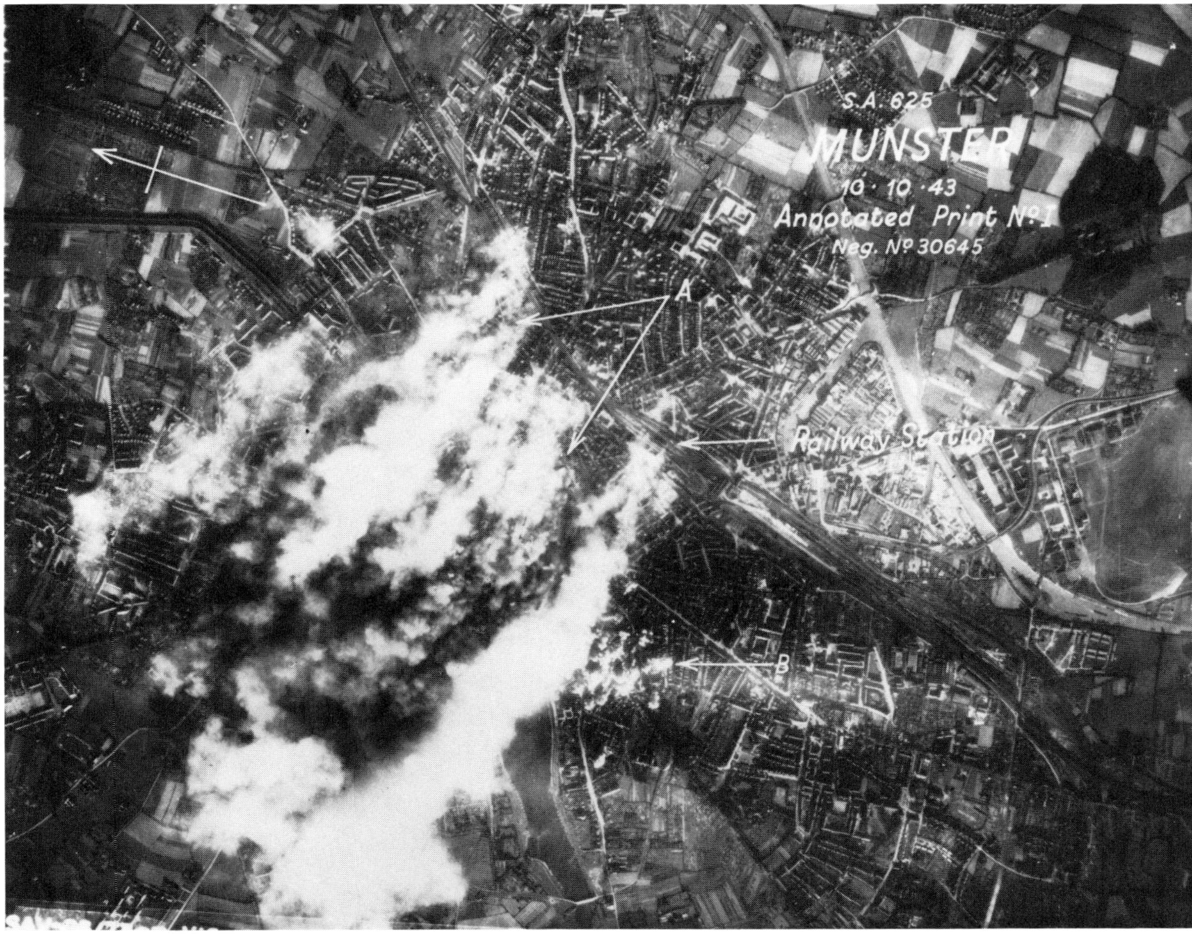
S.A. 625
MUNSTER
10 · 10 · 43
Annotated Print Nº I
Neg. Nº 30645
A
Railway Station
B

Kat.-Nr. 101

Kat.-Nr. 104

102 Die zweite Welle

Auswertungsfoto, aufgenommen während der zweiten Angriffswelle. Die Wirkung der ersten Abwürfe ist in der unteren Bildhälfte zu sehen, während im eingekreisten Gebiet neue Einschläge festgehalten sind.

103 Rückflug

Im Abflug werden die Amerikaner weiterhin von deutschen Jagdflugzeugen angegriffen. Im Vordergrund eine versprengte Maschine der 95. Bombergruppe. Am linken Bildrand sind Rauchwolken der bombardierten Stadt Münster zu erkennen.

104 Sperrfeuer

Eine Bomberformation gerät durch Feuer der münsterischen Flak auseinander.

Kat.-Nr. 105

105 Abgeschossener Bomber

Die Reste eines B 17-Bombers, abgeschossen am 10. 10. 1943. Er stürzte um 15.30 Uhr bei Ladbergen ab.
Von 236 gestarteten Bombern wurden nach amerikanischen Unterlagen 30 abgeschossen. Diese sehr hohe Verlustquote wurde während des Krieges geheimgehalten.

Kat.-Nr. 106

106–108 Alliierte Piloten

Getötete alliierte Piloten; auch sie Opfer des Angriffs vom 10. Oktober.

109 Propellerteil eines über Burgsteinfurt abgeschossenen B-17-Bombers.

Kat.-Nr. 113

110 Am Tage danach

Aufklärungsfoto vom 11. 10. 1943. Noch steigt Rauch aus den Ruinen.

111 Auswertungsfoto

111a Auswertungsbericht

Die Zahlen im Bericht beziehen sich auf die Zahlen auf dem Foto. Den Amerikanern war sehr genau bekannt, was ihre Bomben getroffen hatten.

112–113 Löscharbeiten

Direkt nach dem Angriff beginnen die Rettungs- und Aufräumungsarbeiten; hier am Spiekerhof.

BRITISH SECRET = UNITED STATES SECRET
15th October, 1943

INTERPRETATION REPORT NO. K. 1778
Photographs taken by 541 Squadron on 11th October 1943
Mean time of photography: 16.30 hrs.
SORTIE: E/357
Scale: 1/17,000 (F.L.20")
LOCALITY: MÜNSTER

DAMAGE ASSESSMENT

COVER AND QUALITY

The town is covered on photographs of fair quality (scale 1/17,000)

PERIOD UNDER REVIEW

These photographs were taken after the raid on 10th October 1943 by aircraft of U.S.B.C. with fighter escort. Immediate Interpretation Report No. K.1778 was issued on 12th October, 1943. The last detailed report on damage at Münster was K. 1574 issued on 15th June 1943.

STATEMENT ON DAMAGE

Although interpretation has been made difficult by smoke and haze in some areas, it can be seen that the weight of the attack has fallen in the centre and castern parts of the town. In addition to the public buildings, railway facilities and army depots enumerated below, there ist some damage to business and resedential property.

(Item numbers below refer to annotations on distributed print neg. No. 3 06 86)

1. Kloster zum Guten Hirten:	Covent of the Sacred Heart – half main building and 2 wings gutted.
2. Franziskus Hospital Ost Strasse:	Hospital – on small building half gutted and hit on new wing under construction.
3. former Freemasons' Lodge, Diepenbrock Str:	Gutted.
4. Hauptbahnhof:	Railway Station. Administative block – part of central roof stripped; platform roof with all roofs lights shattered.
5. Railway Post Office, Adols Hitler Str:	Direct hit by H.E.
6. Krankenhausarbeits, Adolf Hitler Str:	2 wings gutted; 1 wing with top floor burnt
7. School, Königs Str:	Gutted.
8. Sparkasse, Königs Str:	Savings bank – gutted.
9. Clemens – Hospital Universitat, Kloster Leer Str:	Hospital – I wing gutted.
10. Raphaels – Kloster, Kloster str:	Convent – direct hit by H.E.
11. Versehem Amt Kaserno, Rothenburg Str:	Barracks – partly gutted and 2 near misses in courtyard.
12. Ludgerianum Diözeson – Musik Universität, Bispinghof Str:	Chemisch Institut – I wing gutted, Physik Institut – gutted, Paulin Bibliothek – gutted, Paulin Gymnasium – I wing gutted.
13. Landgericht, Bispinghof Str:	Law court – partly gutted.
14. Heeresverpfegungs amt, Bispinghof Str:	Army supplies depot – part gutted.
15. Bishops Palace, Domplatz:	Gutted.
16. Cathedral, Domplatz:	I spire damaged and roof destroyed by fire.
17. Liebfrauen Schule Spiekerhof Str:	School – direct hit by H.E.
18. Heeres Unterk Amt, Tibus Str:	2 buildings gutted.
19. Unidentified warehouse, Hatenweg:	Gutted.
20. Unidentified warehous, Am Mittelhafen:	Gutted.
21. Provinzial Feuer Sozietät Warendorfer Str:	Top floor partly burnt out
22. Near miss on scarchlight position.	
23. Post office, Domplatz:	Hit on W. end of frontage by H.E.

Print No.4030 (E/357), neg. no. 30,6 86 distributed with this report.
Material used: Pharus plan.

SEKRET
R.A.F. STATION
MEDMENHAM.
K/EW/C

DISTRIBUTION No. 24A

E: 145
I: 30
175 copies

Kat.-Nr. 111a

Kat.-Nr. 111

Kat.-Nr. 114

Kat.-Nr. 115

114–136 Fotos vom 10. 10. 1943

Sie zeigen die Zerstörungen, die an diesem Tage an verschiedenen Gebäuden und Straßen angerichtet wurden.

114 Im Dom

115 Bischöfliches Palais

Bischof Graf von Galen befand sich im Palais, als die Bomben einschlugen. Er überlebte wie durch ein Wunder, in einer Türöffnung des oberen Stockwerkes stehend.

Kat.-Nr. 116

116–117 Lambertikirche

Die Aufnahme vom Lambertikirchturm zeigt das zerstörte Dach. Das Gewölbe im Chor ist eingestürzt.

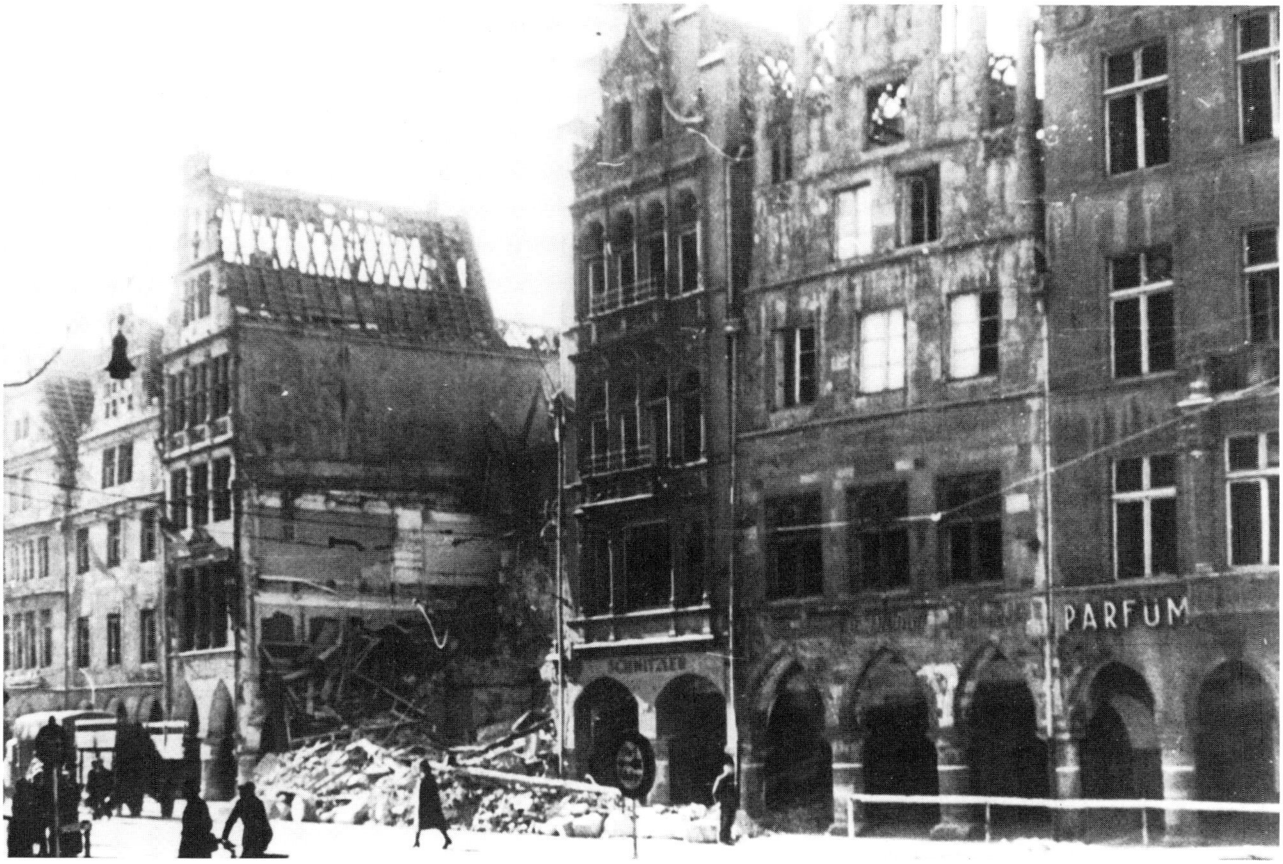

Kat.-Nr. 119

118–120 Prinzipalmarkt

Kat.-Nr. 121

121 Drubbel

Blick vom Lambertikirchturm auf den Drubbel.

Kat.-Nr. 123

122–123 In der Ludgeristraße

Kat.-Nr. 124

124 Das Apollo-Theater

Viele Besucher der Nachmittagsvorstellung wurden getötet. (Vgl. dazu die Augenzeugenberichte)

Kat.-Nr. 125

125 Splitterbunker am Marienplatz

Der leicht gebaute Splitterbunker konnte direkten Treffern nicht standhalten. Über 60 Menschen fanden in diesem Bunker den Tod.

Kat.-Nr. 126

126 Suche nach Verschütteten

Suche nach verschütteten Clemensschwestern: Im Mutterhaus fand am Angriffstag eine Besprechung der deutschen Ordensgemeinschaft der »Clemensschwestern« statt. 52 Schwestern, darunter die Generaloberin, wurden getötet.

Kat.-Nr. 127

127 Grüne Gasse

Noch Wochen nach dem Angriff wurden Vermißte gesucht.

128 Die Rothenburg

129–131 Aegidiistraße

132 Ausgebombt

Anwohner transportieren ihr aus den Trümmern gerettetes Eigentum in Notquartiere.

133 Bombensplitter

a) Bombenspitze
b) Wandsplitter

Kat.-Nr. 135b

134 Schadenserhebung

Nach den Angriffen versuchte die Polizei, Schadensfeststellungen zu machen.

135 Breite Gasse

a) Am 11. Oktober, morgens
b) Anfang November

136 Krummer Timpen

Kat.-Nr. 136

Kat.-Nr. 137

137–141 Aufräumungsarbeiten

Schnell zusammengestellte Arbeitskommandos, sowohl aus den umliegenden Garnisonen, den Landgemeinden, als auch aus den Kriegsgefangenenlagern versuchten, den Münsteranern zu helfen.

Kat.-Nr. 141

Kat.-Nr. 143

142 Wasserversorgung

Die im Aegidiiviertel verbliebenen Bewohner wurden mit Wasserwagen versorgt.

143 Verpflegungsstelle

Nach dem Angriff wird an »Ausgebombte« eine warme Mahlzeit verteilt.

144 Bombensplitter in NS-Buch

145 Luftschutz-Schadensmeldungen

Die Meldungen geben einen ersten Eindruck von den schweren Schäden in Münster, Coesfeld und Haltern. 23 000 Evakuierte mußten nach dem Angriff versorgt werden.

146 Münsterischer Anzeiger 12. 10. 1943

Der Artikel gibt das offizielle Echo wieder.

Kat.-Nr. 147

147/148 Beisetzung der Toten

Wenige Tage nach dem Angriff veranstaltete die NSDAP eine pathetische Totenehrung. Ein makabres Schauspiel für alle, die wußten, wer den Krieg entfesselt hatte.

VIII. Münster 1945

Die letzte Phase des Krieges begann am 23. 3. 1945. Die Heeresgruppe Montgomery (2. Britische Armee) und starke Einheiten der 9. US-Armee überschritten bei Wesel den Rhein. Zugleich nutzten Verbände der 1. US-Armee den Brückenkopf Remagen, um einen raschen Vorstoß nach Osten einzuleiten. Nachdem die Gebiete nördlich und südlich des Ruhrgebietes besetzt worden waren, stießen Verbände der Heeresgruppe Montgomery nach Süden vor, während Einheiten der 1. US-Armee sich nach Norden wandten. Ihre Vereinigung bei Lippstadt bedeutete die Einkesselung des Ruhrgebietes, dessen Industrie bis dahin von kriegswichtiger Bedeutung für das Deutsche Reich gewesen war.
Das Münsterland lag im Vormarschgebiet der 9. US-Armee. Um einen eventuellen Widerstand bei der Besetzung auszuschalten, bombardierten US-amerikanische Flugzeuge noch einmal konzentriert Städte des Münsterlandes. So erlebte auch Münster am Palmsonntag 1945 einen schweren Luftangriff – den letzten des Krieges – der zwar nur eine geringe Zahl an Todesopfern forderte, jedoch die Verwüstung der Stadt vollendete: Ein Großteil der wenigen noch erhaltenen Gebäude wurde zerstört oder beschädigt.
Am 2. 4. 1945 besetzten US-amerikanische und britische Truppen Münster. Die Stadt war ein Trümmerfeld.

149 Die Brücke von Remagen

Die letzte große Offensive der Alliierten beginnt. Der Rhein wird bei Remagen überquert.

150 Bildung des Ruhrkessels im April 1945

Schaubild, Entwurf: Stadtmuseum.

BILDUNG DES RUHRKESSELS IM APRIL 1945

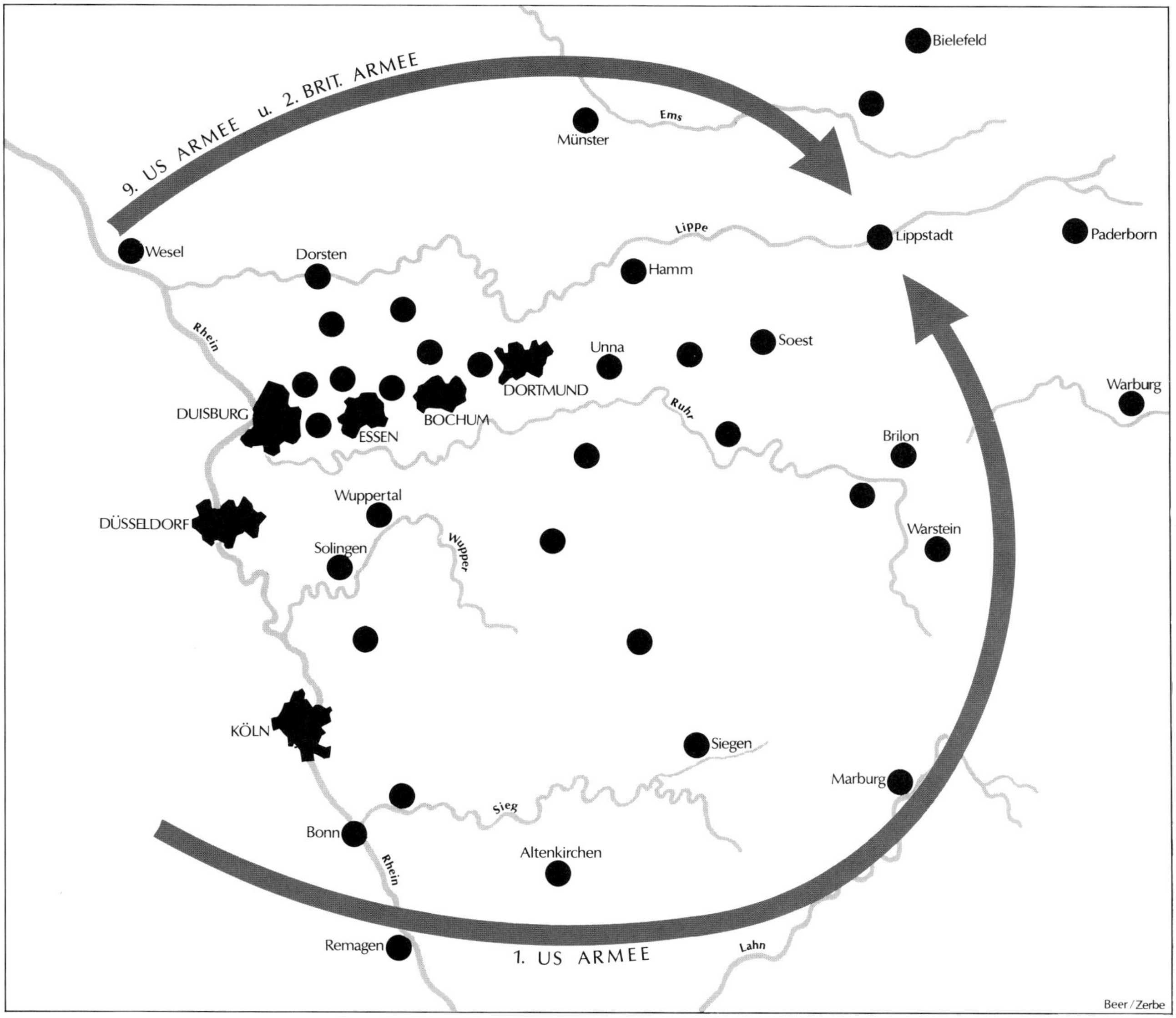

Kat.-Nr. 150

Kat.-Nr. 155

151 Palmsonntag 1945

Luftaufnahmen vor dem Angriff vom 25. März 1945 (Palmsonntag).

152 Britische Zeitungsmeldung

»The Illustrated London News« berichtet am 14. April 1945 von der Besetzung Münsters. Es wird in diesem Zusammenhang daran erinnert, daß Hitler von Münster aus der Welt seinen Frieden auferlegen wollte (vgl. Vorsatzblatt).

Besetzung der Stadt

153–154 Auf dem Prinzipalmarkt

155 Prinzipalmarkt/Einmündung Salzstraße

Kat.-Nr. 156

156 Blick auf die Antoniuskirche

Kat.-Nr. 157

157 Weseler Straße in Höhe »Neuer Krug«

158 Stadtmodell 1945

Maßstab 1:1000.

159 Alter Steinweg

Blick vom Alten Steinweg über die Dominikanerkirche auf die Lambertikirche.

Kat.-Nr. 159

Kat.-Nr. 161

Münster, April 1945

160 Blick auf St. Mauritz und den »Alten Fischmarkt« vom Lamberti-Kirchturm

161 Erbdrostenhof

Das Foto wurde von einem australischen Soldaten beim Einmarsch aufgenommen.

Kat.-Nr. 162

162 Kreuzung Hafenstraße/Friedrich-Ebert-Straße/Bahnhofstraße

Kat.-Nr. 163

163 Nordviertel

Blick über das Nordviertel, am oberen Bildrand links die Ruine des Schillergymnasiums.

Kat.-Nr. 164

164 Salzstraße

Salzstraße an der Einmündung in den Prinzipalmarkt, im Hintergrund der Dom.

165 Frauenstraße

Blick in die Frauenstraße, im Hintergrund die Überwasser-Kirche.

166 Auswertungsfoto

Aufklärungsfoto vom 4. Juni 1945. Es zeigt deutlich die unzähligen Bombenkrater im Stadtgebiet.

Kat.-Nr. 165

Kat.-Nr. 166

Kat.-Nr. 169

Das Bahngelände, April 1945

167 Ein englischer Soldat untersucht eine Flakstellung

168 Hauptbahnhof, im Hintergrund die Josefskirche und der Wasserturm

169 Gesamtansicht des Bahngeländes

170 Hochgeworfene Lokomotive mit Tender

Kat.-Nr. 170

Kat.-Nr. 172

171 Entgleister Zug

172 »Landesbahnhof« der Westfälischen Landes-Eisenbahn

Am rechten Bildrand die Kreuzung Albersloher Weg/Hansaring/Bremer Straße/Hafenstraße. (Heute Bernhard-Ernst-Straße/Feuerwache)

IX. Wiederaufbau

Bald nach Kriegsende begann der Wiederaufbau. Die allgemeine Armut, der Baustoffmangel, aber auch der Wunsch, der Stadt Münster ihr ursprüngliches Gesicht wiederzugeben, sind für die Aufbauphase kennzeichnend gewesen. Zunächst standen die Wiederherstellung des Versorgungsnetzes und die Straßen- und Grundstücksräumung im Vordergrund. Besondere Erwähnung verdienen in diesem Zusammenhang die Leistungen der sogenannten »Trümmerfrauen«. 1945 wurde die Stadt in hundert Räumbezirke eingeteilt mit je einem Räumwart an der Spitze. Nachdem die Straßen im Herbst 1945 schon zumeist begehbar waren, wurde am 20. Mai 1946 die Großräumung der Grundstücke öffentlich bekannt gemacht. Jeder gesunde Münsteraner wurde zu sechs Tagen Arbeit herangezogen. Begonnen wurde mit den Straßenzügen im Stadtkern. Die Instandsetzung des Versorgungsnetzes, der Wasser-, Gas- und Stromleitungen, verlief parallel dazu. Das Elektrizitätswerk und die Wasserwerke mit ihren Versorgungsleitungen sowie das Gasversorgungsnetz waren durch Bombenangriffe z. T. bereits seit 1944 unbrauchbar geworden. Schon im April 1945 war die Stromversorgung wieder hergestellt, 1948 hatten alle Haushalte wieder Gas und Wasser.

Im Oktober 1945 erließ die Militärregierung ein Sofortprogramm, um leicht beschädigte Wohnungen winterfest zu machen. Nur 3 % der Vorkriegswohnungen in Münster hatten den Krieg unbeschädigt überstanden. Die größte Wohnungsnot sollte durch diese erste Maßnahme gelindert werden. Auch 1946/47 wurden Wohnungsnotprogramme zur Instandsetzung von Wohnungen erlassen. Die schlechte finanzielle Lage und der allgemeine Baustoffmangel machte die Verwirklichung zu einem schwierigen Unternehmen.

1949 wurde dann der Bau von sogenannten Volkswohnungen und die Erstellung von Kleinsiedlungen zum ersten Mal öffentlich gefördert; im Wohnungsbaugesetz von 1950 sollten auch neue private Bauvorhaben eine Förderung erhalten. Im Zuge dieser Maßnahmen bildeten sich damals sogenannte Wiederaufbau-Gemeinschaften, die durch den Zusammenschluß mehrerer Grundstückseigentümer entstanden.

Die Errichtung neuer Bauten wurde durch das 1946 errichtete Stadtplanungsamt und durch das Baupflegeamt (Altstadtplanung) gefördert und kontrolliert. Beim Wiederaufbau Münsters wollte man sich, zum einen wegen des noch vorhandenen Straßennetzes und der darunterliegenden Einrichtungen des Versorgungsnetzes, zum anderen, um eine historische Kontinuität des Stadtbildes zu gewährleisten, an dem Zustand der Stadt vor dem Kriege orientieren. Im Gegensatz zu anderen Städten, wie Kassel und Frankfurt, fiel damit die Entscheidung zugunsten historischer Rückbesinnung und zugunsten der Wiedergewinnung wertvoller städtischer Räume. Die Kartierung der Vorkriegszustände im einzelnen, der Bevölkerungsdichte, der Industriestandorte, der Arbeitsstätten und der Straßenbelastung, begleitet von ersten Ideen-Skizzen, kennzeichnen die erste Phase der Wiederaufbauplanungen.

Wichtig für die Stadtplanung war die Erschließung für den Verkehr. Der Promenadengürtel sollte erhalten, der Bereich innerhalb der Promenade weitgehend vom Verkehr freigehalten werden. Planungen von 1946, die zu diesem Zweck erfolgten, wurden durch das Verkehrsgutachten des Planers Max Erich Feuchtinger aus Ulm 1947 detailliert ausgeführt. Für den Verkehr wurde ein Tangentenviereck festgelegt, das über Hindenburgplatz, Am Stadtgraben, Moltkestraße, Hafenstraße, Bahnhofstraße, Fürstenbergstraße, Breul und Münzstraße die Stadt umschließen sollte. Die Altstadt sollte über eine Schlaufe (Universitätsstraße, Prinzipalmarkt, Überwasserstraße) erschlossen werden. Neubrückenstraße, Hörsterstraße, Alter Steinweg, Königsstraße und Aegidiistraße sollten daran angehängt werden. Dieser Plan wurde zwar im wesentlichen ausgeführt, doch kam das Tangentenviereck im einzelnen nicht zustande, weil bis Mitte der 50er Jahre der Aufbau des Breul nicht betrieben wurde und die Bergstraße seine Funktion übernahm, indem ein Straßendurchbruch zur Mauritzstraße vorgenommen wurde. Damit war allerdings das Martiniviertel städtebaulich von der übrigen Altstadt durch eine verkehrsreiche Straße abgeschnitten. Neben diesem städteplanerischen Einschnitt in das historische Gefüge der Straßen gab es auch noch weitere Straßendurchbrüche, etwa zwischen Hindenburgplatz und Aegidiitor und zwischen Überwasserstraße und Universitätsstraße. Das mittelalterliche System der Radialstraßen, die von einer Ring-

straße um den Dombereich ausgingen, blieb aber im wesentlichen unangetastet.
Auch bei der Wiedererrichtung von Gebäuden wollte man sich an den Vorkriegszustand anlehnen. Vergleicht man allerdings das Gesamtbild der Stadt Münster vor dem Kriege mit dem Nachkriegszustand, so wird deutlich, wie sich trotz dieser Zielsetzung ein Strukturwandel vollzogen hat. Für diesen Wandel ist wichtig, daß die Tendenz zum höhergeschossigen Bauen, die sich schon vor dem Kriege abzeichnete, sprunghaft zunahm, so daß nach dem Krieg durchweg höhergeschossige Häuser, und zwar in geschlossenen Blöcken, entstanden. Sie wurden das Charakteristikum für das neue Stadtbild. Eine weitere einschneidende Maßnahme, die große Auswirkung für das Stadtbild hatte, war die Errichtung von Großbauten. Diese Entwicklung hatte schon im 19. Jahrhundert mit dem Bau von Universität, Verwaltungs- und Krankenhausbauten begonnen und dehnte sich nach dem Kriege in entscheidendem Maße aus. So hat sich heute im Überwasserviertel durch die Schulbauten, in der Salzstraße und Clemensstraße durch Kaufhausgroßbauten, der Altstadtgrundriß wesentlich verändert. Auch die Errichtung der Gebäude für die Universität, der Bau des Theaters und des Oberverwaltungsgerichtes am Aegidiikirchplatz machen den Strukturwandel deutlich.
Eigentlich vermitteln im Hinblick auf ganze Straßenzüge nur der Prinzipalmarkt mit den anschließenden Straßen sowie das heute sogenannte Kuhviertel die Vorkriegszustände. Bei der Wiedererrichtung des Prinzipalmarktes wurde der maßstabgerechte Wiederaufbau der Giebelhäuser in schlichteren Formen erstrebt, ohne Veränderungen im Quer- und Längsschnitt vorzunehmen. Auch die Wahl des Materials und der Rhythmus der Giebel sollte an den Vorkriegszustand anknüpfen. Diese Bestrebungen sind im wesentlichen gelungen und die Giebelfronten des Prinzipalmarktes vermitteln heute wieder den Eindruck eines historischen Straßenraumes. Der Prinzipalmarkt ist damit ein Beispiel für die Schaffung von etwas Neuem in Anlehnung an Gewesenes, ohne eine genaue Kopie auszuführen. Das historische Giebelmotiv, das für den Prinzipalmarkt charakteristisch ist, wurde beim Wiederaufbau sogar an vielen Stellen im Altstadtbereich neu eingesetzt, um einen historischen Eindruck auch hier zu vermitteln. Häufig stand an dieser Stelle vorher kein Giebel. Für den Eindruck einer historisch wieder aufgebauten Stadt spielen neben diesen Straßenzügen und baulichen Motiven auch bedeutende historische Einzelgebäude eine große Rolle: die Kirchen, Adelshöfe, wichtige öffentliche Gebäude und Bürgerhäuser sowie das Residenzschloß. Diese Bauten waren, wie alle anderen Gebäude, durch Bombenangriffe schwer beschädigt oder zerstört worden. Beim Wiederaufbau teilte man ihren Erhaltungszustand nach Zerstörungsgraden ein: von »relativ leichter Wiederherstellungsfähigkeit« über »starke Beschädigung« bis zur »völligen Vernichtung«. Zur ersten Kategorie gehörten: Schloß, Landsbergsche Kurie, Bischöfliches Palais, St. Lamberti, Dominikanerkirche, Apostelkirche, Überwasserkirche, Martinikirche, Minoritenkirche, Servatiikirche. Zur zweiten Kategorie gehörten St. Ludgeri, St. Clemens, St. Petri, die Johanniterkirche, Erbdrostenhof, Stadtweinhaus; zur dritten Landsberger Hof, Merveldter Hof, Schmisinger Hof, Romberger Hof, Schohues. Man entschloß sich, die Gebäude der ersten und zweiten Kategorie bei z. T. neuer Nutzung wiederaufzubauen. Obwohl man im allgemeinen, nicht nur aus finanziellen Gründen, exakte Rekonstruktionen ablehnte, so war man doch bestrebt, den historischen Gebäuden ihre originale historische Gestalt wiederzugeben. Das Rathaus wurde darum relativ exakt, ohne allerdings erhaltene historische Substanz zu benutzen, wiederaufgebaut und bildet heute wieder einen wichtigen Kulminationspunkt im Gefüge des Prinzipalmarkts. Andere wichtige Bauwerke, wie etwa die Petrikirche oder der Dom erfuhren Änderungen bei der Rekonstruktion. Der Dom z. B. erhielt ein neues Westwerk, das sich an dem ursprünglichen romanischen Zustand und nicht mehr an dem Vorkriegszustand orientierte. Sind solche Änderungen auch bei anderen Gebäuden festzustellen und fehlen auch heute häufig, wie bei der Clemenskirche oder der Dominikanerkirche, die städtebaulichen Zusammenhänge, so trägt doch ihre Wiederherstellung in den ursprünglichen Formen Wichtiges zum historischen Eindruck des neuen Stadtbildes bei. Der Wiederaufbau ist im Ganzen so sehr an den Verhältnissen der Vorkriegszeit orientiert gewesen, daß man heute darüber oft vergißt, daß sich die Erscheinung und die Struktur der Stadt deutlich geändert haben.
Die kurze Erörterung zum Wiederaufbau soll damit aber nicht abgeschlossen werden. Neben historisierender Baugesinnung ist für die Nachkriegsarchitektur auch auf

Beispiele neuen Bauens hinzuweisen. Hierfür ist das von dem Architektenteam Deilmann/von Hausen/Rave/Ruhnau entworfene neue Stadttheater, das hier stellvertretend für viele andere Bauten gezeigt werden soll, ein Beispiel. Die Front des Romberger Hofes, des alten Theaters, die man als nicht erhaltungsmöglich einstufte, wurde zur Errichtung des neuen Baues abgerissen. Die erhaltene Rückfront allerdings bezogen die Architekten mit in den Neubau ein. Das diagonal ausgerichtete, zum Bült hin dreifach gestufte Gebäude mit dem großen lamellenverzierten Zuschauerteil und dem darüber hinausstrebenden Bühnenturm ist ein charakteristischer Bau für den Stil der fünfziger Jahre.

Kat.-Nr. 173

173–176 Der Prinzipalmarkt

Ein Vergleich des wiederaufgebauten Prinzipalmarktes mit dem Prinzipalmarkt vor dem Krieg läßt deutlich dessen Veränderung erkennen (Kat.-Nr. 173–176). Vor dem Krieg wiesen noch vier Fünftel der Häuser auf dem Prinzipalmarkt die originalen Giebelformen auf. Die ursprüngliche Dreigeschossigkeit wurde bei den Bauten des 19. Jahrhunderts nicht mehr beachtet. Kat.-Nr. 173 zeigt als drittes Haus auf der rechten Seite einen Bau von 1870. Mit vier Geschossen erhebt er sich deutlich über die Giebellinie der Nebenhäuser. Die Backsteinfassade und die zu großen Fensteröffnungen passen nicht zu dem gotischen Haus von 1518 links und dem Renaissancebau von 1603 auf der rechten Seite. Die Traufenhöhe wurde bei den Neubauten des 19. Jahrhunderts häufig nicht eingehalten, selbst bei den älteren, dreigeschossigen Häusern variiert die Traufenhöhe bis zu 2 Metern. Beim Wiederaufbau sollten solche Entstellungen beseitigt werden. Gleichzeitig war bei den Planungen davon ausgegangen worden, daß eine 100 %ige Kopie des alten Zustandes nicht anzustreben sei. Der Eindruck des historischen Straßenraumes sollte dennoch erreicht werden. Die ausschließlich giebelständigen Häuser mußten deshalb dreigeschossig gebaut werden (einzige Ausnahme ist das Haus Nr. 29), die Traufenhöhe wurde einheitlich auf 11

Kat.-Nr. 174

m bis 11,50 m festgelegt. Die heutigen flächigen Giebel haben mit ihren historischen Vorgängern nichts mehr gemein und selbst die Höhe und Form einzelner Bögen des Bogenganges auf dem Prinzipalmarkt wurden verändert. Dennoch ist der Prinzipalmarkt als historischer Raum zu erkennen. Die schmalen Parzellen der Kaufmannsgrundstücke, die ihre Entsprechung in der Giebelsilhouette finden, wurden ebenso beibehalten, wie der Querschnitt des Prinzipalmarktes. Die Besonderheit der Bogengänge, die den gesamten Prinzipalmarkt säumen, der alte Straßenverlauf mit leicht unterschiedlichem Höhenniveau sowie das Kopfsteinpflaster zeugen trotz geänderter Einzelformen von dem Willen zur Anknüpfung an das alte Vorbild (Kat.-Nr. 174, 176).

173 Der Prinzipalmarkt um 1885

Der Prinzipalmarkt vom Lambertikirchplatz aus gesehen.

174 Der Prinzipalmarkt 1960

Der neu aufgebaute Prinzipalmarkt mit gegenüber früher vereinfachten Giebelfronten und konsequent gleicher Traufenhöhe.

Kat.-Nr. 175

175 Der Prinzipalmarkt 1902

Die Westseite des Prinzipalmarktes vom Stadtweinhaus aus gesehen.

Kat.-Nr. 176

176 Der Prinzipalmarkt 1979

Die Westseite vom Stadtweinhaus aus gesehen. Bei dem wiederaufgebauten Prinzipalmarkt entsprechen Grundstücksunterteilungen und Straßenquerschnitt dem alten Zustand. Die Traufenhöhen wurden bei dem Aufbau einheitlich auf 11 m bis 11,50 m festgelegt.

177 Der Prinzipalmarkt 1945/46

Der verwüstete Prinzipalmarkt nach dem Krieg.

178–182 Die Rathausfassade

Die Schaufront des Rathauses ist eines der wenigen Beispiele für den Versuch einer möglichst genauen Rekonstruktion des Zustandes vor der Zerstörung (Kat.-Nr. 178). Bereits 1948 konnte in dem immer noch zu 50 % zerstörten Rathaus der 300. Jahrestag des westfälischen Friedens gefeiert werden. Man hatte zu diesem Anlaß die Ruine so weit gesichert, daß der ausgelagerte Friedenssaal eingebaut werden konnte (vgl. Kat.-Nr. 198). Für die komplette Wiederherstellung des Rathauses fehlten 1948 die finanziellen Mittel ebenso wie die Baustoffe. Der Grundstein konnte aber zwei Jahre später gelegt werden. Der Aufbau fand breites Interesse in der Bürgerschaft. Bedeutenden Anteil hatte die private Initiative des „Vereins der Kaufmannschaft zu Münster von 1835“, der unter anderem durch acht Lotterien den größten Teil der Finanzierung übernahm. Der Rest wurde durch öffentliche Mittel gedeckt, so daß der Außenbau 1954 fertiggestellt werden konnte (Kat.-Nr. 181).
Der Innenausbau wurde 1958 beendet; abgesehen vom Friedenssaal wurde im Inneren der Zustand vor der Zerstörung nicht wiederhergestellt.
Obwohl die gotische Fassade des Rathauses eine Kopie der alten ist, finden sich Änderungen gegenüber dem alten Zustand im Detail. Neben und zwischen den Maßwerkfenstern des Obergeschosses befanden sich z. B. Skulpturen, die die heutige Fassade nicht mehr aufweist. Erhaltene Bauteile wurden nicht wieder eingebaut; die gesamte Front besteht aus neuen Materialien.

178 Das alte Rathaus

Das Rathaus der Stadt Münster mit seiner gotischen Fassade vor dem Krieg.

179 Der Brand des Rathauses

Das Rathaus in Flammen nach dem Bombenangriff vom 28. Oktober 1944.

Kat.-Nr. 179

Kat.-Nr. 180

180 Die Ruine des Rathauses

Die Ruine des Rathauses im Zustand des Jahres 1947.

181 Wiederaufbau des Rathauses

Das eingerüstete Rathaus drei Jahre nach der Grundsteinlegung vom Juli 1950; die Fassade wurde im Herbst 1954 fertiggestellt.

182 Das wiedererrichtete Rathaus

Das Rathaus wurde in der Absicht wiederaufgebaut, den Vorkriegszustand der Fassade zu rekonstruieren.

Kat.-Nr. 181

183–185 Der Dom

Ähnlich wie beim Wiederaufbau des Rathauses ging man bei der Wiedererrichtung des Domes zunächst von dem Grundsatz einer Wiederherstellung des Gewesenen aus. Nach diesem Grundsatz wurden zuerst die östlichen Teile und das Mittelschiff aufgebaut. Als 1952 das Westwerk als letzter Baukörper ebenfalls rekonstruiert werden sollte, wandelte sich dieser Planungsgrundsatz. Geänderte liturgische Formen und die damit zusammenhängende Umgestaltung des Innenraumes führten zu einer Schließung des alten Westportales (Kat.-Nr. 183). Dieses Portal war im 14. Jahrhundert an die Stelle eines Vorgängerportales getreten und 1516 mit einer Maßwerkgalerie eingefaßt worden. Eben diese Veränderung sollte nach den Plänen der Architekten Fritz Thoma und Emil Steffann zugunsten einer romanischen Geschlossenheit des Innenraumes beseitigt werden (Kat.-Nr. 185). Dagegen erhoben viele Münsteraner, aber auch der Landeskonservator und viele münsterische Architekten ernste Bedenken und Proteste. Der Rat der Stadt Münster sprach sich gegen den Umbau des Westwerkes aus und verweigerte zunächst die Baugenehmigung. Auf Beschluß des Regierungspräsidenten, der die Eigentümer- und Bauherrenverantwortung betonte, konnte das Projekt jedoch nach den Wünschen des Bischofs wie geplant ausgeführt werden. 1955 waren die Arbeiten am Westwerk beendet (Kat.-Nr. 185). Der Widerstand der Münsteraner gegen die neue Form des Westwerkes hat in der ironischen Bezeichnung »Seelenbrause« für das Westfenster seinen Niederschlag gefunden.

183 Der Dom von Westen um 1900

Der Dom mit dem gotischen Westportal vor der letzten Restaurierung um 1900. (Die Maßwerkgalerie auf dem Giebel fehlt.)

184 Die Domruine 1946

Das total vernichtete Westportal. Es diente den Bomberpiloten am 10. Oktober 1943 als Zielpunkt.

185 Der Dom von Westen 1960

Das Westportal wurde nicht wieder in der alten Form aufgebaut, sondern gänzlich neu gestaltet. Diese Umgestaltung geschah parallel zu Veränderungen im Innenraum und war in der Bevölkerung sehr umstritten.

Kat.-Nr. 183

Kat.-Nr. 184

Kat.-Nr. 185

186–189 Das Stadttheater

Völlig neue Vorstellungen kamen beim Wiederaufbau des Stadttheaters zur Geltung (Kat.-Nr. 188). Eine Gemeinschaft von vier jungen Architekten hatte 1952 ihre Ablehnung gegen den Aufbau in historischen Formen zu einem Theaterbauentwurf verarbeitet, der sofort nach Bekanntwerden große Beachtung fand. Die vier Architekten Harald Deilmann, Max von Hausen, Ortwin Rave und Walter Ruhnau vertraten die Ansicht, daß der Krieg einen Einschnitt darstelle, der nicht überdeckt, sondern für neue Formen in der Architektur genutzt werden solle. Alle übrigen für den Theaterbau eingereichten Entwürfe orientierten sich dagegen an historischen Mustern und sahen die in Münster vorherrschenden Materialien Sandstein und Backstein vor. Der Rat der Stadt entschied sich für den Plan des Architektenteams, und das Stadttheater (Einweihung 1956) wurde zu einem vielbeachteten Bau in der deutschen Nachkriegsarchitektur. Er nutzt das vorhandene Grundstück diagonal. Über einem flachen zweigeschossigen Sockel erhebt sich der Zuschauerraum. Dahinter erhebt sich der Bühnenturm. Die Seitenfront des Theaters zur Voßgasse ist durch dreifache Staffelung des Sockels gegliedert. Die großzügige Verwendung von Glas bei den Foyerwänden im Obergeschoß führt den Blick des Besuchers in den hochgelegenen Innenhof, in den die Architekten die Rückfront des ehemaligen Romberger Hofes integriert haben. Der Romberger Hof nahm vor dem Krieg neben der Musikschule auch das Theater auf (Kat.-Nr. 186, 187). Die Neuartigkeit des Theaterbaues für Münster wird neben der architektonischen Form auch in den verwendeten Materialien deutlich. Die traditionellen Materialien Sandstein und roter Backstein wurden nicht mehr benutzt, sondern Marmorbruchriemchen aus Carrara sowie hellblaue und weiß-rosa Glasmosaiken bilden die Außenhaut.

186 Der Romberger Hof 1934

Der Romberger Hof an der Neubrückenstraße vor der Zerstörung. Der im Foto rechts zu sehende ehemalige Pferdestall wurde vor dem Krieg vom Stadttheater genutzt, den Hauptteil des Gebäudes nutzte die Westfälische Hochschule für Musik.

187 Der Romberger Hof 1945/46

Der zerstörte Romberger Hof mit den provisorisch gesicherten Ruinenteilen.

Kat.-Nr. 186

Kat.-Nr. 187

Kat.-Nr. 188

188 Das Stadttheater

Die Eingangsseite des Stadttheaters zwischen Neubrückenstraße und Voßgasse. Die Entwürfe stammen von dem Architektenteam Deilmann, Rave, Ruhnau und von Hausen. (Eröffnung 1956)

189 Der Innenhof des Theaters

Die Reste der Rückfront des Romberger Hofes sind in den Innenhof des Theaterneubaues integriert.

190–195 Der politische Neubeginn

Bald nach Kriegsende begannen die Siegermächte die »Entnazifizierung«. Die politische Zukunft Deutschlands war indes noch völlig offen. Gegen die alliierte Behauptung einer »Kollektivschuld« der Deutschen hat sich in Münster der Bischof Clemens August Graf von Galen erbittert gewehrt. Sein Verhältnis zu den neuen Herren war daher ähnlich gespannt wie zu den früheren Machthabern.

In Anerkennung seines Kampfes wurde der »Löwe von Münster« zu Weihnachten 1945 zum Kardinal erhoben. Die Stadt Münster verlieh ihm nach seiner Rückkehr aus Rom das Ehrenbürgerrecht (16. März 1946). Doch schon wenige Tage später verstarb der Bischof (22. März).

In den folgenden Jahren machte die Einführung demokratischer Verhältnisse in enger Zusammenarbeit mit der britischen Militärverwaltung rasche Fortschritte. Zunächst kam die kommunale Selbstverwaltung in Gang. Am 23. Mai 1949 wurde schließlich in Bonn das Grundgesetz der neu gegründeten Bundesrepublik Deutschland verkündet. Der deutsche NATO-Beitritt stellte 1955 auch die außenpolitische Souveränität des westdeutschen Staates wieder her.

190 Entnazifizierung

»Bekanntmachungen der Stadt Münster (Westf.)«, Nr. 1, 18. Juli 1945.

Die »Entnazifizierung« begann mit der Umbenennung von Straßen und Schulen.

Kat.-Nr. 191

191 Der Kardinal und die Sieger

Das Foto zeigt den Empfang britischer Offiziere durch den aus Rom zurückgekehrten Kardinal von Galen am 16. März 1946. Galens Verhältnis zur Besatzungmacht war recht gespannt, weil er energisch der Behauptung der Siegermächte widersprach, das deutsche Volk trage eine »Kollektivschuld« an den NS-Verbrechen und sei politisch unmündig.

Kat.-Nr. 192

192 Verleihung der Ehrenbürgerrechte

Nach der Rückkehr des Kardinals aus Rom verlas Oberbürgermeister Dr. Zuhorn am 16. März 1946 vor der Lambertikirche den Ehrenbürgerbrief.

Kat.-Nr. 193

193 Huldigung

Huldigung für den Kardinal von Galen vor dem zerstörten Dom am 16. März 1946.

Eröffnungssitzung
der neuen Stadtvertretung

Die erste Sitzung der neugewählten Stadtvertretung findet statt am

Montag, dem 21. Oktober 1946, um 17 Uhr

im Sitzungssaal im Oberfinanzpräsidium, Hohenzollernring 80.

Nach der Abgabe der Erklärung der neugewählten Vertreter über die Annahme ihres Amtes, die durch den Wahlleiter entgegengenommen wird, nimmt der Wahlleiter die Vereidigung vor. Anschließend wird der Herr Stadtkommandant eine Ansprache an die Versammlung halten.

TAGESORDNUNG

1. Wahl des Oberbürgermeisters und seiner Vertreter. (Punkt 1 der Tagesordnung wird in geheimer Sitzung behandelt.)
2. Verlesung der Niederschrift der letzten Sitzung.
3. Bildung des Ausschusses für die Vorbereitung der Wahlen zu den verschiedenen Ausschüssen.

Die Bevölkerung wird zur Teilnahme eingeladen.

Dr. Zuhorn
Oberstadtdirektor

Kat.-Nr. 194

194 Kommunale Selbstverwaltung

Die Einführung demokratischer Verhältnisse begann auf kommunaler Ebene. Die Sitzungen der Stadtvertretung waren öffentlich; die Münsteraner wurden zur Teilnahme aufgefordert.

195 Verkündung des Grundgesetzes

Ausgabe der »Westfälischen Nachrichten«, Münster, 24. Mai 1949.
Nachdem sich die kommunale Selbstverwaltung bewährt hatte, wurde in den drei westlichen Besatzungszonen ein neuer, demokratischer Staat begründet: die Bundesrepublik Deutschland. Mit dem NATO-Beitritt 1955 war auch die außenpolitische Souveränität des westdeutschen Staates erreicht.

Kat.-Nr. 196

X. Versuche zur künstlerischen Darstellung des Bombenkrieges

196–200 Die Medaillen

Der politische Zusammenbruch und die Zerstörungen des Bombenkrieges haben die münsterischen Medailleure nicht zu Medaillenschöpfungen inspiriert. Allein die Persönlichkeit des Kardinals von Galen konnte als Identifikationsfigur den Menschen neuen Mut schenken. Auf ihn sind deshalb Medaillen entstanden.
Der Wiederaufbau des Rathauses wurde zu einem Symbol für die Zukunftshoffnung. Hier, wo 300 Jahre zuvor (1648) der Westfälische Friedensschluß den Dreißigjährigen Krieg beendet hatte, erinnerte man sich im Oktober 1948 bei der Grundsteinlegung des Rathauses der 300 Jahre alten Devise »PAX OPTIMA RERUM« – der Frieden ist das beste aller Dinge. 1958 konnte das Rathaus feierlich eingeweiht werden.

196 Clemens August Kardinal von Galen (1878–1946)

Medaillon 1946 (von Albert Mazzotti, Münster)
Bronze 163 mm, einseitig

197 Clemens August Kardinal von Galen (1878–1946)

Medaille 1946 (von Anita Blum-Paulmichl, Ahlen)
Helle Bronze 60 mm

198 Das zerstörte Rathaus

Medaille 1948 auf die 300-Jahrfeier des Westfälischen Friedensschlusses (von H. A. und E. B. K)
a) Bronze 50 mm
b) Zinn bronziert, 40 mm

199 Der Frieden – das Beste aller Dinge

Schautaler 1648 auf den Westfälischen Friedensschluß (von Engelbert Ketteler, Münzmeister in Münster)
Silber 40 mm, 21,55 g
PAX · OPTIMA · RERVM · A^{O}. D$^{\overline{NI}}$ · MDCXLVIII · 24. Oct · (= Der Frieden – das Beste aller Dinge, im Jahre des Herrn 1648 am 24. Oktober). Drei Tauben mit Ölzweigen über einem Kissen mit Krone und Zepter.
Rs.: HIC · MAVSOLAEVM · MARTIS · PACISQ^{3} – TROPHAEVM (= hier ist das Grab des Krieges und der Sieg des Friedens). Stadtansicht von Münster.

200 Das restaurierte Rathaus

Medaille 1958 auf die Einweihung des wiederaufgebauten Rathauses (von Anita Blum-Paulmichl, Ahlen)
Silber 38 mm, 29,35 g

CLEMENS·AVGVST·KARDINAL·V·GALEN·BISCHOF·V·MVNSTER

NEC LAVDIBVS NEC TIMORE
DER·LOEWE·VON·MVENSTER

197

1648/1948·WESTFÄLISCHER FRIEDE·MÜNSTER·24 OKT

PAX OPTIMA
RERUM

198

1958

200

HIC·MAVSOLAEVM·MARTIS·PACISQ
MONAST WESTPH
TROPHAEVM
PAX OPTIMA RERVM

199

201–226 Gemälde und Zeichnungen

Viele einheimische Künstler widmeten nach dem Ende des Zweiten Weltkrieges ihr Interesse dem zerstörten Münster. Es gehörten dazu die Maler Ernst Hase, Fritz Grotemeyer, Carl Busch, Emil Stratmann und auch die Architekten Josef Daniel und Martin Pfannschmidt sowie der Dekorationsmaler Eduard Cordes. Ihre Themen waren Ruinen oder der Aufbau der Stadt. Die Architekten bemühten sich um detailgetreue Wiedergabe (Kat.-Nr. 207–210 und 212–219), die Maler sahen die zerstörte Stadt vor allem romantisch. Es ist erstaunlich, daß nichts von dem Grauen und den Ängsten zu spüren ist, das die Münsteraner während der Bombenangriffe erlebten. Die Tausende von Toten und Verletzten schienen vergessen. Die Reste der zerstörten Stadt, die Ruinen münsterischer hochbedeutender Bauwerke, werden romantisch verklärt als »schöne« Ruinen dargestellt. Der Vergleich mit den in dieser Ausstellung gezeigten Fotos mit ihrer unerbittlichen Wahrheitstreue macht die besondere Sicht der Maler und Zeichner deutlich. Ihrer Sicht entspricht weitgehend ihr Stil. Sie malen im weitesten Sinne impressionistisch, d. h. in einem Stil, der im ausgehenden vorigen Jahrhundert charakteristisch war.

Beispiele für idyllische Umdeutungen in den Bildern der münsterischen Maler sind zahlreich. Oft findet man grasbewachsene romantische Ruinen, einmal einen Korb mit Brennholz im Vordergrund (Kat.-Nr. 221). Emil Stratmann (1890–1974), Graphiker beim Verlag Aschendorff, beispielsweise glaubte, die »malerische Schönheit der Ruinen« zu erkennen, die er oft mit wenigen Federstrichen aus ungewöhnlichen Blickwinkeln darstellte (Kat.-Nr. 220–224). Ohne Zweifel haben die Bilder einen Dokumentationswert. Sowohl Martin Pfannschmidt als auch Emil Stratmann zeigen beispielsweise die Ruine des Schmisinger Hofes an der Neubrückenstraße mit dem erhaltenen Tor, das wir nicht mehr kennen (Kat.-Nr. 209 u. 224). Manche Zerstörung und Veränderung kann man heute anhand dieser Bilder nachvollziehen.

Von unzweifelhafter Qualität sind die Gemälde Fritz Grotemeyers, des Altmeisters der münsterischen Maler. Grotemeyer (1864–1946) geht stilistisch nicht über die impressionistische Malweise seiner Lehrer Adolf von Menzel (1815–1895) und Anton von Werner (1843–1915) hinaus, beherrscht aber deren Technik vollkommen. Grotemeyer hält in einem Gemälde den Einzug des Kardinals Clemens August Graf von Galen dokumentarisch fest. Er zeigt den Triumph des Vertreters der Menschen, die gegen das Naziregime, das die gezeigte Zerstörung letztlich verursacht hat, Stellung bezogen haben. Das meisterliche impressionistische Gemälde vermittelt die Feierlichkeit der Szene (Kat.-Nr. 211). In seiner expressionistischen Malweise zeigt Carl Busch (1905–1973), Mitglied der »Freien Künstlergemeinschaft Schanze«, einen ähnlichen Festtag, die Große Prozession vor dem zerstörten Dom (Kat.-Nr. 201). Der Autodidakt Busch malte vorher als Kriegsberichterstatter in Frankreich, Italien, Afrika und Rußland viele Kriegsbilder im Stil der damaligen offiziellen Kunst. Das ausgewählte Bild zeigt zwar das volle Ausmaß der Zerstörungen am Dom, doch findet vor dieser dunklen, bedrohlich wirkenden Kulisse die Prozession statt, deren Fahnen und Meßgewänder im Vordergrund Helligkeit und eine feierliche Stimmung vermitteln.

Der münsterische Maler Ernst Hase (1889–1968) erhielt seine künstlerische Ausbildung in München, Berlin und zuletzt in Düsseldorf, von wo die impressionistischen Einflüsse in seiner Kunst stammen. Seit 1927 war Hase als freischaffender Künstler in Münster tätig, 40 Jahre lang als Mitglied der Schanze. Seine Heimatstadt, besonders die Altstadt, hielt er in vielen Gemälden fest. Die bekanntesten Bauten Münsters stehen im Mittelpunkt dieser Bilder. Ebenso wie Fritz Grotemeyer bleibt Ernst Hase in seiner Kunst von der modernen Malerei unbeeinflußt.

Als Kontrast zu den Bildern der münsterischen Maler und Architekten werden zwei Darstellungen ausgestellt, die den Krieg und seine Schrecken nachdrücklich verdeutlichen.

Franz Radziwill (* 1895), in Dangast (Friesland) lebender Künstler, gewann aus dem Inferno des Ersten und Zweiten Weltkrieges bildhafte Warnungen. Beispiel ist das Gemälde »Innerhalb von 24 Stunden«, das im surrealistischen Stil Kriegszerstörung zeigt (Kat.-Nr. 225).

Das Grauen eines Bombenkrieges ist gleichnishaft in dem weltberühmten Gemälde von Pablo Picasso (1881–1973) »Guernica« zum Ausdruck gekommen. In der Ausstellung werden Reproduktionen der Vorzeichnung und des Gemäldes gezeigt (Kat.-Nr. 226 a/b).

201 Große Prozession vor dem zerstörten Dom

Gemälde (Öl auf Papier) von Carl Busch, signiert und undadiert
Bl.: 60 x 80 cm
Das Thema des Bildes wird mit wenigen, kräftigen Pinselstrichen dargestellt, die Farbe ist pastos aufgetragen.

202 Am Horsteberg

Gemälde (Öl auf Papier) von Ernst Hase, signiert und 1943 datiert
Bl.: 58,2 x 39,6 cm

Kat.-Nr. 202

203 Die Überwasserkirche

Gemälde (Öl auf Papier) von Ernst Hase, signiert und umseitig 1945 datiert
Bl.: 58,4 x 39,7 cm

204 Der Dom im Wiederaufbau

Gemälde (Öl auf Papier) von Ernst Hase, signiert und 1950 datiert
Bl.: 45,5 x 63 cm
Das ganz in Grüntönen gehaltene pastose Gemälde gibt den im Wiederaufbau befindlichen Dom von Südosten wieder. Vor dem Dom sind Baumaterial und Bretterhäuschen der Dombauhütte zu erkennen. Der in helleren Tönen gemalte Chor des Domes scheint bereits vollständig erneuert, während das dunkler gehaltene Paradies und der rechte Turm noch starke Zerstörungen aufweisen. Der linke Turm hat ein neues Spitzdach erhalten, auf dem zwei Handwerker zu sehen sind.

205 Wochenmarkt auf dem Domplatz

Gemälde (Öl auf Papier, aufgezogen auf Karton) von Ernst Hase, um 1949, unsigniert und undatiert
Bl.: 60 x 80 cm
Von seinem Atelier am Prinzipalmarkt aus gibt der Künstler den Wochenmarkt auf dem Domplatz wieder, wahrscheinlich einen der ersten nach dem Krieg. Der Vordergrund des Bildes scheint stellenweise, vor allem in der rechten unteren Bildecke, unvollendet; zu erkennen ist ein Abstellplatz für Fahrräder. Die Bildmitte wird vom Marktgeschehen eingenommen, zwischen bunten Schirmen und Budendächern drängen sich die Menschen. Umgeben ist das bunte Getümmel von den kräftigen grünen Bäumen des Domplatzes. Im Hintergrund sind Universitätsgebäude und das Landesmuseum, das Fahnen ausgehängt hat, zu sehen.

Kat.-Nr. 207

Die Darstellung des Marktgeschehens zeigt die impressionistische Sehweise Ernst Hases; nur durch unzählige verschiedenfarbige Punkte wird die Menschenmenge dargestellt, wodurch aber für den Betrachter das Gewimmel auf dem Domplatz besonders gut vorstellbar wird.

206 Skizzenbuch Ernst Hases

Bleistiftzeichnungen von Ernst Hase, um 1948–1955, unsigniert und undatiert
Bl.: 24 x 33 cm
Das Skizzenbuch zeigt neben Emslandschaften hauptsächlich Markt- und Sendszenen aus Münster.

207 Zerstörte bischöfliche Kurien mit Dom

Aquarell von Martin Pfannschmidt, signiert und 1947 datiert
Bl.: 39,3 x 60 cm

208 Vorderfront des zerstörten Schlosses

Aquarellskizze von Martin Pfannschmidt, um 1947, unsigniert und undatiert
Bl.: 49,5 x 61 cm

209 Tor des zerstörten Schmisinger Hofes an der Neubrückenstraße

Aquarell von Martin Pfannschmidt, signiert und 1947 datiert
Bl.: 40,5 x 40,5 cm

210 Ruine des Romberger Hofes mit Turm von St. Martini

Aquarell von Eduard Cordes, signiert und 1945 datiert
Bl.: 43,7 x 35,6 cm
Im Vordergrund des Aquarells erkennt man die Ruine des Romberger Hofes an der Neubrückenstraße mit dem erhaltenen Säulenportal, im Hintergrund den unzerstörten Turm von St. Martini.

Kat.-Nr. 209

211 Der Einzug des Kardinals

Gemälde (Öl auf Karton) von Fritz Grotemeyer, signiert und 1946 datiert
125 x 161 cm
Am 16. März 1946 kehrte Clemens August Graf von Galen von der Erhebung zum Kardinal aus Rom nach Münster zurück.
Der Maler zeigt den feierlichen Einzug in die Stadt vor dem Erbdrostenhof. Der Kardinal sitzt in einer schwarzen mit Blumengirlanden geschmückten offenen Kutsche, die von vier Schimmeln gezogen und von Meßdienern begleitet wird. Vor und auf den Ruinen im Hintergrund steht die jubelnde Menschenmenge.
Die Farbgebung beschränkt sich bei dem Hauptmotiv des Bildes, dem Vierergespann mit dem Kardinal, auf Schwarz, Weiß und Rot. Auffällig sind die roten Farbtupfer: Kardinalshut, Bänder der Girlanden, Zaumzeug der Pferde, die auch am Rande des Hauptgeschehens wiederkehren: Fahnenstangen, Fahne im Bildmittelpunkt, Kragen der Meßdiener. Straßenpflaster und Ruinen zeigen Brauntöne, zum Teil mit bläulichem Schimmer, besonders der Erbdrostenhof. Dieser bläuliche Schimmer zeigt sich auch an Kutsche und Pferden, das helle Blau des Himmels spiegelt sich in der Gesamtszenerie wieder.
Das Gemälde ist ein gutes Beispiel für die impressionistische Malweise Grotemeyers.

Kat.-Nr. 212

212 Die Dominikanerkirche

Bleistiftzeichnung von Josef Daniel, signiert und 1946 datiert
Bl.: 42 x 33,8 cm
An der rechten Seite der Salzstraße steht die Ruine der Dominikanerkirche, im Hintergrund sind einige zum Teil beschädigte Häuser zu sehen, über denen der Turm der Lambertikirche aufragt.

Kat.-Nr. 211

213 Die Clemenskirche mit Blick auf die Dominikanerkirche

Aquarell von Josef Daniel, signiert und 1947 datiert
Bl.: 50 x 43,5 cm
Das linke Drittel des Aquarells wird von einem Teil der Clemenskirche eingenommen. Im Hintergrund steht die teilweise zerstörte Dominikanerkirche.

214 Spiegelturm mit Domtürmen

Aquarell von Josef Daniel, signiert und 1947 datiert
Bl.: 50 x 43 cm
In der Bildmitte stehen zerstörte Bauten am Spiegelturm, hinter denen sich die stark beschädigten Domtürme erheben. Der rechte Turm ist zum Teil eingerüstet.

215 Domgasse mit St. Lamberti-kirche

Aquarell von Josef Daniel, signiert und 1946 datiert
Bl.: 50 x 43,5 cm
Das Aquarell zeigt die Rückfronten zerstörter Giebelhäuser am Drubbel von der Domgasse aus. Hinter den Ruinen ragt der zum Teil zerstörte Turm von St. Lamberti auf.

216 Der Prinzipalmarkt im Wiederaufbau

Aquarell von Josef Daniel, signiert und 1947 datiert
Bl.: 50 x 43 cm

Kat.-Nr. 215

217 An der Johanniter-Kommende

Bleistiftzeichnung von Josef Daniel, signiert und 1948 datiert
Bl.: 50,2 x 43 cm

218 St. Ludgeri

Bleistiftzeichnung von Josef Daniel, signiert und 1946 datiert
Bl.: 49,5 x 43,5 cm
Dargestellt ist die Ludgerikirche von Südosten mit dem zum Teil zerstörten Chor. Am rechten Bildrand schließen sich einige Wohnhäuser der Ludgeristraße an.

Kat.-Nr. 218

219 Die Ruine der Überwasserkirche

Bleistiftzeichnung von Josef Daniel, unsigniert und undatiert
Bl.: 50,5 x 43,8 cm
Hinter dem zerstörten Chor der Kirche ragt der erhaltene Turm auf. Im Innenraum des Chores ist ein Baugerüst aufgestellt. Im Vordergrund sind Schienen für die Loren zu sehen, die die Trümmer abtransportieren.

220 An der Bergstraße

Kreidezeichnung von Emil Stratmann, signiert und 1945 datiert
Bl.: 21,3 x 18 cm

221 Am Buddenturm

Federzeichnung von Emil Stratmann, signiert und 1945 datiert
Bl.: 22,6 x 18 cm
Vor einer Ruine steht ein grob geflochtener Weidenkorb mit Holzscheiten, die wahrscheinlich als Brennmaterial dienen sollen. Links im Hintergrund ist der Buddenturm zu sehen. Unten auf der Zeichnung in deutscher Schrift »Der Not gehorchend!«.

222 Send auf dem Domplatz

Federzeichnung von Emil Stratmann, signiert und 1948 datiert
Bl.: 18,9 x 18,7 cm

223 Die Ruine des Romberger Hofes mit Turm von St. Martini

Federzeichnung von Emil Stratmann, monogrammiert und 1946 datiert
Bl.: 21,4 x 18,2 cm
Inmitten von Trümmern steht das Säulenportal des Romberger Hofes an der Neubrückenstraße. Im Hintergrund ist der unzerstörte Turm der Martinikirche zu sehen.

224 Die Ruine des Schmisinger Hofes mit St. Martini

Federzeichnung von Emil Stratmann, signiert und 1946 datiert
Bl.: 48 x 38 cm

C. Stratmann
1945
4
Der Not gehorchend! 4
1945
Am Buddenturm
C. Stratmann

Kat.-Nr. 221

Kat.-Nr. 222

225 Innerhalb von 24 Stunden

Gemälde (Öl auf Holz) von Franz Radziwill, um 1947, signiert und undatiert
85 x 91 cm
Das Gemälde wird von einer Senkrechten in gleich große Hälften geteilt. Die linke Seite zeigt eine dörfliche Landschaft, die rechte Seite eine nächtliche Szene. Bombenflugzeuge kreisen über mondbeschienenen Ruinen. Von dem abgestorbenen Baum in der rechten Bildhälfte ragt ein blühender Ast in die linke Hälfte und unterbricht damit die Senkrechte. Der Vordergrund des Bildes zeigt bereits Zerstörungen, der kleine Ort im Hintergrund ist noch unversehrt.

226 a Vorzeichnung Guernica

Bleistiftzeichnung von Pablo Picasso, 1937, unsigniert und undatiert
Original: 21,1 x 45,4 cm
Die letzte, relativ kleine Vorzeichnung zu Guernica enthält, wie das Ölgemälde, eine Fülle von Motiven, deren Zusammendrängung auf das kleine Format die Komposition zunächst wirr, ungeordnet erscheinen läßt. Die Szene spielt sich auf einer Straße oder einem Platz ab. Am rechten Bildrand steht ein Haus in Flammen, aus einem anderen kommt eine Lichtträgerin. Aus einem Fenster ragt ein großer Arm mit geballter Faust hervor. Im Vordergrund liegen drei Leichen am Boden, hinter ihnen windet sich ein Pferd im Todeskampf. Von rechts kriecht eine Frau mit einem Kind heran. Am linken Bildrand recken sich ebenfalls Arme mit geballten Fäusten empor, zwischen ihnen ist eine Frau zu sehen, die aus einem Fenster nach oben schaut, wie auch die anderen dargestellten Personen. Im Hintergrund steht ein Stier, an dem ein Wagenrad lehnt, mit unbeteiligt wirkender Miene ruhig da.

226 b Guernica

Gemälde (Öl auf Leinwand) von Pablo Picasso, 1937, unsigniert und undatiert
Original: ca. 350 x 777 cm
Reproduktion: 56 x 123,5 cm
Veranlaßt durch die Bombardierung der kleinen baskischen Stadt Guernica am 26. April 1937 malte Picasso für die Pariser Weltausstellung von 1937 sein Werk »Guernica«.
Das Gemälde hat ein breites Querformat und ist vorwiegend in Schwarz, Weiß und Grau gehalten. Über die gesamte Bildfläche verteilt sind Menschen und Tiere überlebensgroß dargestellt. Picasso führt Techniken aus früheren Jahren weiter: flache, bruchstückhafte Figuren des Kubismus, versetzte Sinnesorgane und Gliedmaßen, abstrakte Formen aus der primitiven afrikanischen Kunst. Im Mittelpunkt des Bildes steht das tödlich verletzte Pferd, das seinen Kopf erhoben hat und einen letzten Schrei auszustoßen scheint. Über dem Tier ist eine augenförmige Lampe mit einer Glühbirne als Pupille angebracht. Vor und unter dem Pferd liegt ein erschlagener Mann, dessen Hand am abgetrennten Arm ein gebrochenes Schwert umklammert. Links im Bild steht der Stier, der über das Geschehen hinwegblickt. Unter ihm hält eine schreiende Frau ein Kind im Arm. Rechts im Bild sind drei weitere Frauen zu sehen; eine kommt mit brennenden Kleidern aus einem in Flammen stehenden Haus gelaufen, eine andere stürzt, ihr verletztes Kind haltend, hervor. Die dritte Frau ist die sogenannte Lichtträgerin, von der nur Kopf und Arm mit Fackel zu sehen sind; sie stößt das Licht förmlich in den Bildraum. Auf allen Gesichtern steht das Entsetzen, der Schrecken. Der Raum, in dem sich alles abspielt, hat in der linken Bildhälfte Elemente eines Interieurs.
Nach Picassos eigener Aussage stellt der Stier Brutalität und Dunkelheit, das Pferd das Volk dar.
»Guernica« wird allgemein als Picassos bedeutendstes Werk angesehen, ein Anti-Kriegsbild. Nur zwei Jahre nach der Entstehung nahm der in »Guernica« geschilderte Schrecken im Zweiten Weltkrieg erneut Gestalt an.

Übersetzung des Zeitungsberichts auf den Vorsätzen

Samstag, den 14. April 1945

Einnahme von Münster, der Hauptstadt Westfalens, durch die Panzerbrigade des sechsten Garderegiments. Britische Gardisten und Infanteristen der 17. US-Luftlandedivision patroullieren gemeinsam im Zentrum der Stadt.

Britische Truppen der Panzerbrigade des 6. Garderegiments, bestehend aus Einheiten der Grenadiers und der Scots Guards, drangen am 2. April in Münster ein, das sie am folgenden Tag eroberten. Die Domstadt, Hauptstadt Westfalens, deren Geschichte bis in die Zeit Karls d. Gr. zurückreicht, wurde zur Übergabe aufgefordert, aber die Deutschen entschieden sich für einen selbstmörderischen Widerstand. Darauf deckten schwere britische Geschütze die Stadt ein, gefolgt vom gewaltsamen Einrücken der Panzerbrigade des sechsten Garderegiments. Soldaten der amerikanischen Luftlandetruppen saßen auf den Panzern. Die Stadt hatte vormals 143 000 Einwohner, heute jedoch ist sie stärker zerstört als Köln. Presseberichten zufolge ist sie kaum mehr als ein Trümmerhaufen. Ihre Zerstörung gewinnt insofern an Bedeutung, als Hitler angekündigt hatte, daß er seine Friedenskonferenz hier abhalten wollte, in der Absicht, dadurch die Erinnerung an den unglücklichen Dreißigjährigen Krieg, der in Münster ein Ende fand, auslöschen zu können.

(Kat.-Nr. 152)

THE ILLU

LONDON

SATURDAY,

THE SIXTH GUARDS TANK BRIGADE'S CAPTURE OF M AND INFANTRY OF THE U.S. 17TH AIRBORNE DIVISION (

British troops of the Sixth Guards Tank Brigade, consisting of the Grenadier and Scots Guards, together with units of the American 17th Airborne Division, on April 2 stormed their way into Munster, which they captured on the following day. The cathedral city, capital of Westphalia, dating from the time of Charlemagne, was invited to surrender, but the Germans decided on a suicide stand, whereupon British big guns pounded it, and this was followed up by the